ちくま文庫

江戸の大道芸人

都市下層民の世界

中尾健次

筑摩書房

目次

江戸の大道芸人　都市下層民の世界

本書は一九九八年一月に三一書房より刊行されました。

はじめに

最近、娘たちの影響で歌舞伎を見にいくことが多くなりました。典型的な〝趣味なし人間〟だったわたしにとって画期的な〝自己変革〟です。この間、京都南座・大阪松竹座・東京歌舞伎座と、おもだった劇場をまわり、歌舞伎をハシゴしました。テレビで歌舞伎をやっていればそれを見、時間がなければビデオに収録。いまや、いっぱしの歌舞伎ファンになった気でいます。

思わぬ収穫がありました。趣味は実益をも兼ねるというところでしょうか。昨年、『江戸の弾左衛門』（三一新書）を出してから、その姉妹編として『江戸の大道芸人』の執筆を依頼されていました。何年か前に解放出版社から出した『江戸社会と弾左衛門』でも、「願人《がんにん》」「乞胸《ごうむね》」など江戸の大道芸人についてとりあげていますが、二番煎じになってもいけません。なにかあたらしい視点はないものかと悩んでいたところでした。

歌舞伎を見ると、そこに「願人坊主」は登場しますし、大道芸もちゃんと取り入れられています。さすが歌舞伎は総合芸術です。というわけで、最近ますます病みつきになっています。

本書の主題は、「願人」「乞胸」「非人」など、江戸で活躍した大道芸人たちを紹介することにありますが、ひとつの視点として、大道芸と歌舞伎の接点に注目してもよかろうと考えたわけです。

先日、東京の国立劇場へ歌舞伎を見に行きました。娘たちのお目当ては、若手人気役者の尾上辰之助（注・四代目尾上松緑）と尾上菊之助です。娘と同世代なものですから、よけいに関心があるのでしょう。辰之助が歌舞伎十八番の内「外郎売《ういろううり》」を演じ、菊之助が「越後獅子」を踊るのですが、「外郎売」の見どころ（聞きどころ？）は早口ことば、「越後獅子」は、一本歯の下駄での軽妙な踊りにあります。

「外郎売」の早口ことばは、単に言いにくいことばをしゃべるというだけではありません。行商人の売りことばの符牒が、セリフの基本になっています。まさに香具師《やし》の世界です。「助六」でも、兄の十郎が白酒売りに扮して登場します。「越後獅子」など、まさしく大道芸です。歌舞伎は、こうした大道芸とけっして無関係ではないわけです。

ところで、この二つの演目に先立って、片岡亀蔵さんによる「歌舞伎のみかた」についての解説がありました。歌舞伎についての総括的な説明で、これがなかなかおもしろく、わたしのような素人にもわかりやすいものでした。話術もたしかで、歌舞伎の質の高さにおそれいってしまいました。

そもそもこの公演は、「歌舞伎鑑賞教室」と銘うち、文化庁はじめ各地の教育委員会が後援しています。この日はその第五一回目とかで、大人なら三八〇〇円ですが、学生なら一二〇〇円。ふつうの学割と比べ、信じられないほどの安さです。

場内を見まわすと、なるほど制服姿の高校生が多い。そういえば、協力団体に日本修学旅行協会や日本交通公社の名前もあがっています。修学旅行の日程にくみこんでいる学校もあるわけです。

こんな時、骨の髄まで教師（?）のわたしは少し不安になります。なかには歌舞伎に興味を持たない生徒もいるでしょう。そんな生徒たちの反応が心配なのです。

仕事がらいろんなところへ講演に出かけます。参加を義務づけられた講演の場合は、どうも反応がよくありません。〝笑い〟をとるのにずいぶん苦労します。そもそも聞きたくて来ているわけではありませんから、やはり苦痛なのでしょう。その点、希望参加の講演は、実に反応がよろしい。聞こうと思って来ているわけですから、当然といえば当然です。

しかし、そんなくだらない心配をしりめに、観客の反応は最高でした。笑うところは笑い、感心するところは感心し、自然と拍手も起こる。いやたいしたものです。これも、亀蔵さんの話術と尾上菊十郎さんら出演者の大活躍に負うところがおおきいようです。それと、舞台そのものが観客を引きつけるように作られている。衣装もそうです。思わず見とれてしまいます。つくづく伝統の力、歴史の重さを感じました。

高校生だけではありません。観客は若者からお年寄りまでいて、歌舞伎ファンは世代を超えてひろがっているようです。強いて言うならば、男の少ないのがちょっと気になりますが……。ともかく場内は満員で、立ち見が出るほどでした。

現在の歌舞伎ブームは、いま絶頂期にある団十郎・菊五郎・孝夫（注・十五代目片岡仁左衛門）・玉三郎・勘九郎らの活躍によって支えられています。猿之助のスーパー歌舞伎なども、あたらしい試みとして人気を呼んでいるようです。辰之助・菊之助・新之助（注・十一代目市川海老蔵）の新〝三之助〟人気も、歌舞伎ブームを支えています。そうしたなかで、このような歌舞伎鑑賞教室の試みも、やや〝上からの教育〟という感じはしますが、歌舞伎ブームを支える一因となっているのでしょう。

一九九七年二月、大阪・道頓堀の松竹座があたらしくなりました。総工費一〇〇億円、世界でも最高水準の劇場をめざしたものです。

さっそくわたしも、娘たちと三月・四月のこけら落とし公演に出かけました。三月のお目当ては中村勘九郎（注・十八代目中村勘三郎）の「鏡獅子」、四月のお目当ては団十郎の「勧進帳」です。

花道で見得を切る場所を七三といいますが、ここが三階席からもよく見えます。見得がよく見える、なんてダジャレが出るほどうれしくなります。これが松竹座の特徴のひとつだそうです。

そういえば東京の歌舞伎座は、おおきくて中にデパートも飲み屋もあり、われわれ庶民のずいぶん楽しめる施設・設備が整っています。近くならば毎月でも通いたいぐらいなのですが、三階席にすわったわたしたちには、たまたま場所が悪かったのでしょうか、花道の七三が見にくく、それが残念でした。あたらしい松竹座では、団十郎の弁慶が見得を切り、六方を踏んで花道を下がるところまで、三階席からも見えます。

パンフレットには、一階席五五七、二階席二八二、三階席一九八と書かれています。合計一〇三七席というわけですが、ほとんど埋まっていて、若い観客もけっこう多く、なんとなく活気があります。この活気が、いつまでも続いてほしいものです。

歌舞伎は本来、役者と観客がともに創る演劇です。「成田屋!」「中村屋!」といった大向こうからのかけ声が、絶妙の〝間〟で演技を盛り上げる。これなど、歌舞伎が大衆から生まれ、大衆とともにあった伝統をそのまま伝えるものでしょう。

先日おこなわれた尾上菊之助の五代目襲名披露では、当たり役「弁天娘女男白浪《べんてんむすめめおのしらなみ》」が上演されました。これは河竹黙阿弥の作品で、五代目菊五郎の初演が文久二年(一八六二)です。しかし、原作のまま演じられるわけでなく、演技者によって微妙に変わります。

わたしたちは京都の南座でこれを見ましたが、菊之助扮する弁天小僧が、武家の娘に化けて呉服店の浜松屋を訪れる。浜松屋の番頭が、「お嬢さまのごひいきの役者はだれでございます。やはり、いま南座でご公演中の五代目尾上菊之助でございますか」と問いかけると、菊之助が「あのような役者は、ダーイキライでございます」と答え、観客の笑いを誘う。

こうしたアドリブがずいしょに加えられ、それがまた絶妙のタイミングなのです。これも先日、テレビで金比羅歌舞伎の「耳なし芳一」を見ました。澤村藤十郎が芳一役で、これがまたうまいのです。平家方の武士に連れられて墓へ行く途中、観客席に下りていく。座席の間を歩くので、ずいぶんせまい。「ずいぶん細い道ですなぁ」と言いながら歩くのですが、途中でイスにぶつかる。「アイタタタタ」と叫びながら、それがそのまま芳一のフンイキになっている。客席をぐるっと廻って花道から舞台にあがる。「なにやら広い道に出たような」と、足をおおきく踏みだす。怪談話なのに、思わず笑ってしまいます。

歌舞伎は、たしかに古典芸能です。しかし、けっして大衆から離れてはいません。

勘九郎の『勘九郎ひとりがたり』（集英社文庫）を読んでいると、そのあたりがよく表現されています。

「悲しいけど、歌舞伎っていうとさ、ちょっと古典芸能というか、芸術的な部分がどうしてもありますよね。」「ただただ、おもしろおかしくばかりじゃいけないみたいな。歌舞伎って、そういう部分、あるでしょ。」（六九頁）

ところが、勘九郎が大阪・中座の公演で「釣女」の〝醜女〟を演じたところ、満場爆笑。最後の引っ込みのときに、三味線にあわせて観客が手拍子をしてくれる。「歌舞伎で手拍子でしょ。心では喜んでいても、なんだか不安っていうのかな……。」（七〇頁）

楽屋へ戻ると、八十何歳という頭取が飛んできて、「懐かしい、懐かしい」を繰り返す。六代目菊五郎の時とおなじだと言います。「もっと詳しく聞くと、六代目の「釣女」のときには、引っ込みのときに客席からいつだって手拍子が響いたんだって。」

六代目菊五郎といえば〝役者の神様〟とも呼ばれた名優です。勘九郎は、自分の祖父に当たるこの六代目を、生涯の目標にしています。その六代目の話なものですから、

「うれしかったね、このときは。いや、ほんとにうれしかった。」「だから、歌舞伎といえども、楽しいものは楽しんでいただいていいんです。楽しければ大声で笑ったり、拍手をしたり、かけ声かけてくれたり……。」（七一頁）

古典芸能の継承と大衆とともに創る演劇。考えれば矛盾する課題です。ところが、現代の歌舞伎は、その微妙なバランスのうえに成立しているともいえます。古典芸能の継承となれば、できるだけ古い型を〝そのまま〟維持し、それを〝そのまま〟伝えていかなければなりません。しかし、大衆とともに創るということになれば、その時代、その社会を的確に読み取り、それに適応しつつ、あたらしい試みを模索しないといけません。

その両方をクリアしないといけないわけですから、現代の歌舞伎は、これまでにない困難な使命を背負っているといえます。

歌舞伎が隆盛をきわめた江戸時代には、こうした〝古典芸能の継承〟といった使命はなく、それだけに、〝大衆とともに創る〟ことが第一義的に考えられていました。そして、これこそ大道芸の基本姿勢ともいえるもので、歌舞伎が大道芸から発生したことを、如実にものがたっているようにも思えます。

歌舞伎の創始者といわれる〝出雲のお国〟が記録に登場するのは、天正一〇年(一五八二)五月一八日のことと伝えられています。この時お国は、奈良の春日大社の若宮拝殿で「ややこ踊り」と称する芸能を披露したといいますから、このころすでに、大道芸からは一段高いところで演じられていたようです。

こののち歌舞伎は、ますます大道芸から離れ、全く別世界の芸能になってしまったかのように見えます。しかし、猿若勘三郎が、大道芸の一種であった物まね芸の〝猿若〟をその名称としているように、歌舞伎には、かつて大道でおこなっていた時代の芸風が色濃く反映しています。

また、歌舞伎の隆盛期であった江戸の中期以降でも、歌舞伎の舞台では、「非人」や「願人《がんにん》」「猿飼」など、さまざまな大道芸人がとりあげられ、市井の風俗を代表する題材となっています。また大道芸人自身が、歌舞伎役者の物まねを大道で演じたりなど、歌舞伎を大衆にひろげるために、おおきな役割を果たしてきました。

江戸時代の民衆、とくに「非人」や「乞胸《ごうむね》」「願人」「猿飼」など、大道芸を生業とする人びとを追いかけると歌舞伎にぶつかり、歌舞伎を調べていくとこれまた大道芸にぶつかる、そこにはどうやら有機的な関係があるようです。

おそらく歌舞伎のすそ野はいま以上にひろかったし、歌舞伎そのものがさまざまな民衆によって支えられていたにちがいありません。

いろんな芸能が集約されて歌舞伎に結実し、歌舞伎がまた大道芸にも刺激を与える。おたがいが有機的につながりながら、大衆芸能というものを発展させてきた。そして、歌舞伎はいまや古典芸能と呼ばれるまでになったわけです。そうした発展過程にあった〝古き時代〟の芸能を、大衆の生きざまとともに再現できないでしょうか——これを、とりあえず本書の目標にしたいと思います。

本書は、主要な舞台を江戸に置いています。ここには「非人」「乞胸」「願人」「猿飼」「越後獅子」「香具師《やし》」など、多くの大道芸人が登場してきます。

このうち「非人」「乞胸」「願人」は、きわめて〝江戸時代的〟な存在です。社会の動きを反映して絶えず流入・流出をくりかえし、いわば〝社会の落伍者〟的な存在である反面、芸能を通して民衆文化を底辺から支えていました。本書の主役は、まさにこのような人びとです。

まず「非人」は、享保六年（一七二一）以降、完全に弾左衛門の支配下となり、江戸市中の治安対策・環境保全に重要な役割を担っていきますが、その生業《なりわい》のひとつが大道芸でした。

「乞胸」は、慶安年間（一六四八〜五二）に非人頭車善七の支配となり、享保六年以降、善七が弾左衛門の支配下に組みこまれたことによって、間接的に弾左衛門の支配下に入ります。

「願人」だけが弾左衛門から独立しています。しかしわたしは、典型的な〝江戸時代的大道芸人〟を、そこに見いだすことができるように思います。芸能のなかみもそうですが、民衆との人的交流、臨機応変の生き方など非常に興味深い存在です。本書でもっとも多くの紙数をこの「願人」に費やしたのもそのためです。

最後に「猿飼」は、本書でとりあげる大道芸人のなかでは、唯一中世芸能民の系譜を引く芸人集団です。古くから弾左衛門の直接支配下にあって、江戸時代の〝賤民制度〟を考えるうえでも貴重な存在です。彼らは、厩《うまや》の安全や馬の無病息災を祈願するため、武家屋敷へも絶えず出入りしています。かなり特権的な地位にあるうえに、猿を調教し演技させるという高度な技術を要しますから、他の芸能民の追随を許さない、独特の世界を形成しています。江戸時代を通して演ずる人数が限られているのも、芸そのものの特質によるのでしょう。

こうしたこともあって、「猿飼」はその他の大道芸人とはかなり異質な存在となっています。そのため、「猿飼」については、補章のかたちで最後に述べることになるでしょう。

本書では、弾左衛門とのかかわりについて述べる余裕がありません。これについては、本書の姉妹編『江戸の弾左衛門』（三一新書）をあわせてお読みいただければ幸いに存じます。

史料としては、主として拙著『弾左衛門関係史料集　全三巻』（解放出版社　一九九五年）に収録したものを使っています。また、随筆なども適宜に使いましたが、これも拙著『江戸時代の差別観念』（三一書房　一九九七年）で紹介したものを中心に使いました。

しかし、新書という本の性格を考慮し、あたらしい史料以外はとくに出典を明記しませんでしたし、引用した史料も思いきって現代訳しました。より深く調べたいという方は、『弾左衛門関係史料集』第三巻に添付した史料目録をご利用のうえ、拙著『江戸社会と弾左衛門』(解放出版社　一九九二年)や『江戸時代の差別観念』をご参照いただければと思います。

序章　都市下層民の成立

1　江戸時代初頭の「貧人」集団

歌舞伎狂言「非人仇討」

寛文四年（一六六四）、福井弥五左衛門作「非人仇討」（ひにんのあだうち）という歌舞伎狂言が大坂で演じられました。

この作品は、「非人」が登場する最初の作品というよりも、多幕物で演じられた最初の作品として知られています。それまでの一幕物とちがって、引き幕という舞台演出が加えられ、それによって舞台と観客とが隔離されてしまったため、のちに「花道」と「まわり舞台」が考案されることになったといわれ、歌舞伎史上の画期となった作品とされています。

初演当時の具体的な内容は伝わっていませんが、元文元年（一七三六）に大坂の竹本座が、「敵討襤褸錦」（かたきうちつゞれのにしき）と題して浄瑠璃芝居として上演、さらに歌舞伎に逆輸入されて、これが今日に伝えられています。そのあらすじは、ざっとつぎのようなものです。

春藤次郎右衛門と弟の新七は、父助太夫の仇である須藤六郎右衛門・彦坂甚六を求めて、諸国をまわっていました。

すでに二年の歳月が過ぎ、兄弟は「非人」に身をやつして、なおも仇を追っていましたが、奈良の大安寺で次郎右衛門が病に倒れ、動くことができなくなってしまいました。

弟の新七が薬を探しに出かけた留守に、大和郡山の高市武右衛門・庄之助親子と加村宇太右衛門が、刀のためしぎりに「非人」の次郎右衛門を切ろうと登場しました。次郎右衛門は、本懐を遂げるために隠しておいた下坂の刀を見せて、助命を嘆願します。これに同情した高市親子は、武士としての礼儀をつくして別れますが、加村は、かたきである須藤・彦坂にこれを密告してしまいました。須藤・彦坂の両人が現れ、ムシロにくるまった次郎右衛門を、夜ひそかに刺してしまいました。そこへようやく新七が戻り、高市がこれを助けて、須藤・彦坂の両名を討ち倒します。そして瀕死の次郎右衛門も、こと切れる前に仇のとどめを刺すことができました（飯塚友一郎『歌舞伎細見』第一書房　三〇六〜三〇七頁より、一部要約）。

ここで気になるのが、春藤次郎右衛門・新七の兄弟が〝身をやつした〟とされる「非人」とは何かという点です。

現在伝えられている作品が初演当時の内容をどのていど留めているのか、現状ではわかりませんが、少なくとも寛文四年（一六六四）当時の「非人」は、いわゆる「抱非人」「非人手下」などと呼ばれる〝組織された非人〟ではなく、むしろ「貧人」「野非人」と呼ばれる〝落伍者〟〝都市下層民〟をさしているように思われるのです。

「貧人」から「非人」へ

ここで少し、江戸時代はじめの都市下層民の状況について考えておきたいと思います。実は彼らこそ、これから述べる大道芸人の出身母体ともいえる存在だからです。

江戸時代はじめの都市下層民は、「貧人」ということばに代表されています。慶長八年（一六〇三）に刊行された『日葡辞書』には、「Finin. ヒニン（貧人）Madoxij fito.（貧しい人）貧乏な人」「Finnin. ヒンニン（貧人）Finin（貧人）に同じ」と書かれています。

「ヒニン」の発音が「非人」に通じるわけで、もともと「貧人」（ヒンニン）と書かれていたのが、発音される時に「ヒニン」となり、次いで「非人」という漢字を当てるようになったのでしょう。

江戸時代がはじまる前後、長い戦国の動乱で家を焼かれ田畑を踏みにじられた農民たちが、職を求め大挙して城下町へ入ってきました。彼らこそ、「貧人」の〝主力部隊〟です。

城下町が建設途上にある間は、堀を掘ったり石や材木を運んだりなど、土木・建設の仕事を中心に多くの労働力が必要でした。しかし、城下町の建設が一段落すると、仕事にあぶれる人びとがだんだん増えてきます。労働力が飽和状態になってくるわけです。結局、「貧人」たちは、「物もらい」などをしながら城下町のあちこちにたむろして、ひたすら生きるための手だてを求めることになります。

増加する「貧人」たち

一方、幕府や藩は、増加する「貧人」への対応に追われ、対策に苦慮しています。おりから寛永一九年（一六四二）は大飢饉となり、幕府は、はじめての経済危機にみまわれました。この時の江戸のようすを、『正事記』はつぎのように伝えています。

　寛永一九年は、春から夏過ぎまでの大干ばつで、国々は飢饉にみまわれ、万民は飢えに苦しみ、多くの牛馬が餓死している。ある者は道路に倒れ伏し、池や川へ身を投げる者は数をも知れない。往来の旅人も道を避け、馬や乗り物が通行もできないほどだ。（中略）
　ことに江戸日本橋では、こもかぶりが何千人もいて数えきれない。有徳の町々が、毎日のように施行《せぎょう》をおこなって彼らを助成している。

かゆの施行（「むさしあぶみ」）〔『日本随筆大成』第３期第６巻〕

飢饉が起きると、都市の「貧人」は当然ながら急増します。ここでは、彼らに対して施行がおこなわれ、米や銭の施されているようすもうかがえます。

このように「貧人」はきわめて流動的で、飢饉など世の中の動きを反映して絶えず生み出されてきます。

「貧人」対策のはじまり

江戸は、政治の中心であるとともに一大消費都市でもあります。「貧人」たちにとっても魅力的な大都市です。これは、いまもむかしも変わりません。

貞享五年（一六八八）に成立した井原西鶴の『日本永代蔵』は、「さすが諸国の人の集まり。山もさらに動くがごとく、京の祇園会《ぎおんえ》、大坂の天満祭に変わらず」（巻三）と、その当時の江戸を評しています。江戸全体が、京都の祇園祭り・大坂の天満祭りのような人の集まりだというのですから、誇張はあるでしょうが、ふんいきはよく伝わります。

当然、「貧人」たちもたくさん入ってくるわけで、こうしたことを反映して、江戸ではかなり早い時期から「貧人」の〝組織化〟が図られています。

最初の「貧人頭」が車善七で、慶長一三年（一六〇八）、町奉行から「貧人頭」に任命されました。おそらく「非人頭」の名称は「貧人頭」から転じたもので、のちの時代に使われるようになったのでしょうが、以下、使い慣れた「非人頭」で統一したいと思います。

車善七は、三河国の渥美郡出身です。徳川家康とおなじ三河出身というのも、なにか因縁があるのかもしれません。善七のつぎに「非人頭」に任命される品川松右衛門も、三河の生まれと伝えられています。

ただ、徳川家康が江戸へ入府した天正一八年（一五九〇）当時、善七はすでに浅草大川端に住んでいたようで、江戸の住民としては家康より先輩になります。その後善七は、慶長一三年、「非人頭」に任命された見返りとして、浅草の鳥越に五〇〇坪の土地を与えられたため、そちらへ移っています。

非人頭の正体は？

ところで、この車善七とはどのような人物なのでしょう。古い記録を見ても、三河国渥美郡の生まれということしかわからず、その正体は不明です。ただし、善七のつぎに非人頭となった品川松右衛門については、多少の由緒がわかります。つぎに紹介するのは、文政一一年（一八二八）に品川非人頭が提出した上申書の一部です。

（品川の）非人頭は、以前は長九郎と言い三河国に生まれました。武家であったか農民であったか定かではありませんが、三河長九郎と呼ばれていました。江戸へ出てきて、品川あたりに住居していましたが、零落したため、そのころ年貢が免除された地で、かつてはキリシタンが住んでいた跡地といわれていますが、石地小路道満屋敷と呼ばれるところへ小屋を建てて住んでいました。そこへだんだん流浪の者を寄せ集めて、寛永一二年（一六三五）一二月のころには、自然と長九郎が頭分となっていました。

松右衛門が非人頭に任命されるのは、寛文年間（一六六一〜七三）と伝えられていますが、それより前の寛永一二年（一六三五）にはすでに品川に住み、流浪の者を集めて〝頭分〟になっていたというのです。

では「流浪の者を集めた頭分」とはどんな人物でしょうか。これで思いつくのが「人足まわし」と呼ばれる人びとです。

当時、江戸には、「人足まわし」とか「口入屋《くちいれや》」と称する人びとがいました。彼らは、「貧人」をあらかじめ集めて人足としてプールしておき、幕府や大名、町々の求めに応じ土木工事や清掃事業の人足として彼らを派遣します。いわば労働者の周旋屋です。彼らは、市中にたむろしている「貧人」たちを集めて建設工事を請け負い、そこへ人足として派遣していたわけです。

「貧人」たちはまさしく〝労働予備軍〟であり、「人足まわし」は、人足の売買を商売にする、〝労働力市場〟の仲買人といったところでした。

松右衛門の先祖とされる長九郎は、そうした「人足まわし」の一人だったのではないでしょうか。「人足まわし」は、「貧人」たちを狩りこみ、労働力市場で利用していきます。そうした仕事で実績のある人物を「貧人頭」に命じたのではないか。これは十分考えられることです。「三河長九郎」に関する伝承を読むと、そうした人物像がうかびあがってきます。そうなると、車善七も同様の「人足まわし」だったと考えるのが、妥当なように思います。

非人頭の職務

ただし非人頭の場合は、「人足まわし」のように「貧人」を狩りこみ人足として利用するだけ、というわけにはいきません。

非人頭は、毎日のように配下の者をまわらせ、「貧人」たちを狩りこませます。そして、仮小屋へひとまず収容します。ここまでは「人足まわし」とおなじですが、ここからがちがいます。悪事をなした者がおれば、捕らえて町奉行所へさしだしますが、とくに罪がなければ出身地をただし、故郷へ帰りたい者は帰らせます。しかし、非人頭の手下になりたい者は手下にします。これが一応の原則となっています。

ただ、これは〝予防拘禁〟ですから、犯罪者は少ないですし、故郷へ帰りたいという者も、彼らが江戸へ出てきた経過を考えてもそんなにいるわけがありません。故郷で生活できないから、都会へ出てきた連中ばかりなのですから……。結局、多くが非人頭の手下となっていきました。

狩りこまれた「貧人」はこうして非人頭の手下となり、「抱非人」とか「手下非人」と呼ばれるようになります。享保年間（一七一六〜三六）には、「抱非人」と区別するため、「貧人」を「野非人」と呼ぶようになりますので、以下「貧人」をいうことばを、「野非人」に置きかえて使っていきたいと思います。

「野非人」のことばについて

ただ、わたし個人は、「野非人」ということばがそれほど適切だとは思いません。「野非人」といえば、どうしても「非人」身分とのかかわりでイメージされるからです。

本来の「野非人」は、都市へ流入してきた窮民ですから、「貧人」ということばの方が一般民衆との接点もとらえられ、「貧人」から「乞胸《ごうむね》」や「願人《がんにん》」といった、その他の大道芸人へ流れるコースもイメージしやすくなります。ところが、「野非人」のことばからは、「非人」へ流れるコースだけしかないような印象を与えてしまいます。

それなら「貧人」でいいじゃないかといわれそうですが、ここらが史料に忠実な歴史家のつらいところです。本章の「見出し」では、「野非人」も「貧人」も使いにくいということで、「都市下層民」ということばを使いましたが、まさに苦しい選択だったわけです。

実際、江戸時代の初頭は「貧人」という表現が多いのですが、しだいに少なくなって、元禄以降はほとんど使われなくなります。享保年間になりますと、「野非人」ということばが使われだします。

一方、もう少しひろい意味で「無宿」ということばもあるものですから、かなりややこしいのです。「無宿」とは、いわゆる〝住所不定〟〝宿無し〟ということですが、宗門改帳から外された存在をいい、「帳外れ」とおなじ意味でも使います。貧しい人もいますが、そうでない場合もあって、かなりおおきな概念です。研究者の間では、「野非人」を〝物もらい体の無宿〟と表現したりもしていますから、「野非人」「貧人」も、「無宿」の中に含まれることになります。

ともかく、そうした意味合いで「野非人」の語も使っているんだということを、あらかじめお断りしておきます。

抱非人の仕事

こうして狩りこまれた「野非人」は、非人組織にくみこまれるわけですが、彼らの生業をどうするかが非人頭のおおきな課題となりました。

非人の生業については、嘉永七年（一八五四）閏七月、品川の非人頭松右衛門が提出した嘆願書が、もっとも整理されているように思いますので、ここで紹介しておきます。浅草の車善七については、これだけまとまったものはないのですが、断片的な史料をつなぎあわせれば、ほぼ同様のものが再現できます。

①　不浄物のとりかたづけ
②　土さらい
③　行き倒れ変死人のかたづけ
④　古雪踏《せった》直し
⑤　古木・紙くず拾い
⑥　浄瑠璃《じょうるり》語り・物まね・袖乞い
⑦　各役所からの御用に対する人足

①から③までは各町々の清掃事業で、それぞれの町から賃金をもらってやる仕事で

す。④⑤は雑業ということになるでしょうか。⑦は仕事というよりも義務に近く、賃金は出ますが一日当たりたった四八文で、文字通り〝手当〟に過ぎない金額でした（四八文では、かけソバが三杯しか食べられません）。

注目されるのが⑥です。浄瑠璃語りに物まねですから、まさしく大道芸です。これが抱非人の生業としておおきな位置を占めるわけですが、「乞胸」や「願人」などその他の大道芸人の芸と全く重なるため、その〝利権〟をめぐってさまざまなトラブルが起こることになります。

「乞胸頭」長嶋磯右衛門

慶長一三年（一六〇八）、最初の非人頭に任命された車善七は、町奉行から「貧人」対策を命ぜられ、抱非人の組織を確立、その生業を確保していくわけですが、これと相前後して、「人足まわり」とはちょっとちがったやり方で「貧人」たちを集めている人物がいました。

薬師堂前の宮辺又四郎支配地（日本橋小伝馬町）に住む長嶋磯右衛門という浪人は、あちこちの寺社境内や空き地で草芝居や狂言などの見せ物をおこなっていましたが、だんだん人数が増え、大所帯になっていきました。

磯右衛門の場合は、大道芸人を組織する一方、彼らの世話をしていたと伝えられています。ここらは、〝人買い〟といってもよい「人足まわし」とは、ややニュアンスがちがうようです。

ところが慶安のころ（一六四八～五二）、非人頭の車善七から町奉行所へ訴えがありました。「磯右衛門たちが、自分たち非人とおなじ稼業をしているので、非人の利益が少なくなっている。非常にめいわくなので、彼らの稼業をさしとめてほしい」というのです。

大道芸は、けっして簡単ではありません。大道を行く人びとの足を止め、まず魅了し、さらに財布のヒモをゆるめさせねばならないのですから……。しかし、元手の要らない仕事であることはたしかです。生きるための演技ですから、彼らの芸は、しだいにきたえられます。こうした生業が、都市下層民の生活を支える最後のとりでとなりました。そのため多くの民衆が、善七手下の抱非人とおなじような大道芸をはじめることになります。磯右衛門のもとに集まった民衆も、まさしく「貧人」であり、のちの「野非人」であったにちがいありません。

乞胸の位置づけをめぐって

車善七が長嶋磯右衛門を訴えた背景には、このような生業の重なりと利権がありました。

この裁定に当たったのが町奉行石谷左近将監《いしがやさこんのしょうげん》貞清です。石谷貞清が町奉行をつとめていたのは慶安四年（一六五一）から万治二年（一六五九）までですから、この事件もこの間のできごとであったことがわかります。

町奉行とのかかわりでいえば、「非人頭」としての地位がありますから、車善七の方が圧倒的に有利です。客観的な力関係なら車善七の勝利は動かないはずなんですが、結論はそうはならず、妥協案ともいえるかたちで決着します。

すなわち、長嶋磯右衛門らの稼業をさしとめることは、これまでやってきた仕事であるから、それはできない。ただ、非人の仕事と重なっていることは事実だから、今後、稼業に従事している間は非人頭車善七の支配を受け、身分については町方に属するものとする。これが結論でした。

以後、身分は町人で、稼業については非人頭車善七の支配を受けるという、変則的な「乞胸」の身分が成立することになります。

2　野非人の増減とその実態

抱非人と寄非人

「野非人」の場合は、一般民衆からの流入・流出があって、きわめて流動的なわけですが、狩りこまれたあとの「抱非人」も、実はかなり流動的でした。

つぎの表は、江戸における「非人」の人数を書き出したものです。

表の「寄非人」とは、施行《せぎょう》などの際、寄せ集まった〝野非人〟という意味で、まさしく「貧人」をさします。ただし、施行を受けない〝野非人〟もいますので、〝野非人〟全体の数を示すものではありません。おおよその目安といったところでしょう。

「寄非人」の変化を見ると、最小が寛延二年（一七四九）の六〇六人、最大が天保八年（一八三七）の七七六一人で、最大と最小の比は一対一三です。「野非人」の出入りがいかにはげしかったかがわかります。

しかし、組織されているはずの「抱非人」も、かなりの増減があります。この表で

年　　代	抱非人	寄非人	合　計
元禄5（1692）	4,329人	1,037人	5,366人
享保2（1717）	6,854	1,150	8,004
7（1722）	5,373	2,469	7,842
10（1725）	4,849	——	——
延享1（1744）	——	——	11,563
2（1745）	7,091	3,057	10,148
寛延2（1749）	6,836	606	7,442
明和8（1771）	4,766	5,352	10,118
安永6（1777）	4,209	1,813	6,222《(ママ)》
天明6（1786）	3,785	6,975	10,760
天保5（1834）	5,709	6,091	11,800
6（1835）	5,587	6,913	12,500
8（1837）	5,505	7,761	13,266
12（1841）	5,632	——	——
13（1842）	——	6,430	——
14（1843）	5,643	1,157	6,800
嘉永3（1850）	5,157	4,851	10,008
慶応1（1865）	5,460	4,833	10,293

もほぼ五〇〇〇人前後を推移していますが、それでも天明六年（一七八六）の三七八五人から延享二年（一七四五）の七〇九一人までのバラツキがあります。

こうしたことからも、「野非人」「抱非人」ともに一般民衆からの流入・流出をくりかえしながら、拡大再生産されていたことがわかります。

こうした流入・流出は、もちろん経済の動きを反映しているわけですが、江戸時代を通じて見られるといってもいいでしょう。

井原西鶴の『日本永代蔵』巻二には、「その家まで売りはたし、身の置き所なく、心の燃る火宅を出て。車善七が仲間はづれの物もらひとなりぬ」という一節がありますが、江戸時代のはじめ、身をもちくずして「野非人」となっていく都市下層民のようすが、くわしく描かれています。

『日本永代蔵』に描かれた「野非人」

西鶴の作品には、豪商の子弟が身をもちくずして「非人」の仲間に入っていく話が、いくつかあります。

『日本永代蔵』巻二ノ三では、京の分限者《ぶげんしゃ》大黒屋新兵衛の長男新六が、主人公として登場します。

若だんなの新六は、跡とりとして将来を嘱望されていましたが、親が隠居するころになって、にわかに金銀の浪費がはじまり、使いこみが発覚、ついに家を勘当されてしまいました。

東海道を東へ下った新六は、江戸の品川に着き、東海寺の門前で一夜を明かしました。そこには、こもをかぶった「非人」たちがおおぜいたむろしており、夜中までその身の上話を聞くことになりましたが、聞けば、彼らはみんな「筋なき乞食」でした。「筋なき乞食」とは、ここでは〝本来の乞食ではない〟〝元からの乞食ではない〟といった意味で使われていて、いわゆる「野非人」をさしています。

以下、現代訳をしながら、「筋なき乞食」たちの身の上をたどってみましょう。


一人は、大和国龍田の生まれです。少しばかりの酒を造って、六、七人の家族を養い、気楽な生活を送っていました。貯めたお金がちょうど百両になったので、田舎の商売をまだるっこしく思い、無分別ざかりだったこともあって、親戚一同はじめ、親しい友人までがひきとめるのも聞かず、江戸に出てきました。

呉服町の店を借りて、上等の酒を売る店と軒を並べたわけですが、鴻池・伊丹・池田・南都（奈良）などの老舗が売る、杉の香りの良い酒とは比べものにならず、元手をすっかり使いはたし、ほかならぬ四斗樽《しとだる》のこもを身にかぶることになってしまいました。

彼は、故郷の龍田へもみじの錦は着なくとも、せめてあたらしい木綿布子《もめんぬのこ》でも着て帰れるものなら、と男泣きしながら、この話をしてくれました。それにしてもやり慣れたことはやめるものじゃありません。言えば言うほどむなしいわけですが、結局は悟るのがおそすぎたということなのでしょう。

もう一人は、和泉国堺の生まれ。万事に有能であったため、芸自慢で江戸へやってきました。書道は平野忠庵（京都の書家）に習い、茶の湯は金森宗和（茶道宗和流の祖）の流れをくみ、詩文は深草の元政（伏見の学僧）に学び、連歌俳諧は西山宗因の門下となり、能は小畠了達から教えを受け、といった調子で、およそ人のする芸事は、すべてその道の名人について習ったといいます。

なにをしたって人のつきあいはできるものと思っていましたが、こうした物ずきは、実際の生活には役に立たないもので、ソロバンもできず、はかりも使えないのを、結局は後悔することになりました。武家奉公も勝手を知らず、町人奉公も役に立たんと追い出され、いま落ちぶれて思い当たるのは、こんな芸事より生活の種を教えてくれなかった親をうらみますということです。

もう一人は、親の代から江戸生まれ。通りにおおきな屋敷を持ち、一年に六〇〇両ずつの店賃をとっていましたが、始末ということを知らず、ついにはその家まで売り払い、身の置きどころなく、車善七の仲間にも入れない物もらいになったといいます。

『日本永代蔵』は、貞享五年（一六八八）に刊行されました。当時、江戸の非人頭といえば、浅草の車善七と品川松右衛門の二人だけで、抱非人の組織もまだ完成していない時代です。当時、「野非人」ということばがありませんから、「筋なき乞食」「車善七が仲間はづれの物もらひ」といった表現が使われていますが、要するに「野非人」の実態をものがたっていることがわかります。

それはともかく、話はもう少し続きます。この三人の助言を得た新六は、天神の縁日が催される三月二五日、下谷天神の手水鉢の側で手ぬぐいの切り売りをはじめたところ、これが大当たり。一〇年もたたないうちに、五〇〇〇両の分限者に指定されるまでになりました。これでこの話は終わるわけですが、三人の〝野非人〟の人生体験は、結局、新六の出世に活かされることになりました。

この『日本永代蔵』の話は、〝野非人〟となった人びとにも、かつては〝栄光の過去〟があったこと、逆にいえば、いま〝栄光の座〟にある者でも、いつ〝落伍する〟かわからない危険性があることを暗示しています。

西鶴は、都市下層民が生み出される社会的背景を、実に巧みに描いていたことになります。「野非人」とは、まさしくそうした存在だったのです。

だれにでもある「野非人」に落ちる可能性

この、いつ〝落伍〟するかわからない現実を反映して、江戸時代の随筆では、さまざまな〝野非人像〟が描かれます。

享保一〇年（一七二五）の『楓林腐草』には、「似たり寄たり」の例として「非人はかし女郎」があげられ、その心は「やりてがない」とされています。要するに、「非人」には「やり手」がない、つまり「自ら進んでなる者はいない」。これを「貸し女郎」に「遣り手婆がいない」とをかけたわけです。

おなじ『楓林腐草』に、「わかひ身は、非人をしても、江戸に住、世にうき者は、ばゝとぢゝ也」という狂歌も載っています。〝若いうちは、「非人」になっても江戸に住む〟――「若い青年は、たとえ『非人』になっても、江戸のような都会にあこがれる」という意味でしょうか。いずれにせよ〝野非人〟の世界は、意外にごく身近な世界としてイメージされていることがわかります。

〝野非人〟には、進んでならないにしても、なってしまう可能性があります。「百姓はおさめ米、米屋はかす米、問屋はさばく米、端米はいけ米、女郎はうれ米、芝居は見米、非人にはぐれ米」（『元文世話雑録』巻之四）といった調子で、だれでもが〝野非人〟にグレる危険性があるというわけです。

「非人体」に身をやつし

社会的な落伍や失敗によって、やむなく〝野非人〟となる場合が多いわけですが、一方、なんらかの目的をもって「『乞食非人』に身をやつす」ことも時にはありました。

大銀杏栄景清（「歌舞伎年代記」）〔『日本古典全集』版〕

歌舞伎狂言の「非人仇討」はその典型的な例ともいえますが、歌舞伎に登場する「非人」には、こうした例が少なくありません。

近松門左衛門原作の「出世景清」には、いろんな亜流が作られています。貞享三年（一六八六）二月に大坂竹本座で上演された原作では、景清が源頼朝を討とうとして、〝法師に身をやつし〟東大寺の大仏供養に入りこみますが、この部分を〝非人に身をやつす〟演出に替えている作品がいくつかあります。

明和六年（一七六九）に江戸の市村座で上演された「江戸花陽向曾我」（えどのはなわかやぎそが）では、三代目市川団蔵が〝非人の景清〟を演じていますし、天明三年（一七八三）におなじく市村座で上演された「寿万歳曾我」（ことぶきばんぜいそが）では、初代中村仲蔵が景清に扮しています。ここでは景清が、七里ケ浜で〝非人七兵衛〟に身をやつしている演出となっています。また、「錣引」（しころびき）でも、〝非人に身をやつした〟悪七兵衛景清が登場します。

こうした話は、けっしてフィクションとは言い切れません。実社会でもそうした例が少なくなかったようです。たとえば『月堂見聞集』巻之一は、元禄一四年（一七〇一）に実際に起こった伊勢亀山仇討ちの覚として、「あるいは商人非人の体に身をばなし、ここかしこに徘徊いたし」と記録しています。仇討ちの本懐を遂げるため、〝あえて「非人」すがたに身をやつし〟というわけです。

歌舞伎の脚本には、実社会で起こった事件を参考にした、あるいは克明に報道したものもあって、その点でも歌舞伎は、大衆への情報提供という演劇の使命を忘れてはいませんでした。

このように、目的のために〝野非人に身を落とす〟場合もまれにはありましたが、社会・経済的な要因によって〝落伍〟せざるをえなかった人びとが、やはり多かったようです。

失業者の増加と〝野非人〟の増加

こうした〝野非人〟の実態は、随筆だけではなくさまざまな史料によって確認することができます。

寛保二年（一七四二）から翌三年（一七四三）にかけて、江戸市中は〝野非人〟であふれていました。鋳銭座が廃止され失業者が増えたからだと、ちまたではうわさしています。

この時おこなわれた〝野非人〟の狩りこみでは、寛保二年正月二一日から翌年の閏四月二九日まで、一年四カ月の間に一六六〇人の〝野非人〟が捕らえられました。このうち四人は町方へ帰されましたが、他はすべて抱非人となっています。

こうした数字は、〝野非人〟がまさに抱非人の予備軍であることを示していますが、〝野非人〟のすべてが抱非人となるわけではありません。それに、この大規模な狩りこみがおこなわれた翌々年の延享二年（一七四五）でも、〝寄非人〟は三〇五七人を数えています。

天保飢饉と〝野非人〟

〝野非人〟は、凶作・飢饉といった社会経済の動き、政治の貧困などを反映して絶えず生み出され、幕末に近づくほど増加の一途をたどります。

天保七年（一八三六）は、数年来続いた冷害・洪水・暴風雨のため、全国的な飢饉にみまわれました。いわゆる天保の飢饉です。随筆『五月雨草紙』は、この飢饉のようすをつぎのように記しています。

天保七年の飢饉の時には、米価が銭百文につき二合五勺に上がったが、しばしばお救米が出されたり、お救い小屋を建てて、極貧の者は、その中に入りて飢えをしのぐことができた。打ちこわしなどの暴動はなかったが、市民以外の者が市中に入りこんで、非人・乞食が毎日のように増え、彼らに対しては施しの道もなく、餓死する者が毎日のように道路にあふれ、大晦日の夜など、柳原通り筋違見附より浅草見附の間に、三〇人余りの死体が横たわり、実に凄惨なありさまだ、と身近で見た人が話してくれた。

この記事を、寛永一九年（一六四二）の大飢饉を記録した『正事記』と比べてみると、あまりに似ているので驚かされます。こうした窮民たちの実態は、近世を通じて変わらなかったことがわかります。

同年一〇月、町奉行所の定廻《じょうまわり》が、〝野非人〟についての風聞書（〝うわさ〟を集めたもの）を報告しています。それによれば、江戸市中にたむろする〝野非人〟たちの出自は、つぎのようなものだと記されています。

一、越後・信州・奥州から江戸へ出かせぎに来て、帰れなくなった者。
一、江戸の場末に居住する、その日かせぎの者で、生活が苦しくなって無宿となり、野非人同様となった者。
一、諸国から伊勢まいりや金比羅もうでに出かけ、物もらいなどをしながら参詣し、そのまま江戸へ出て、野非人となった者。

どれも諸国から集まった〝窮民〟たちというわけですが、この最後の項目を覚えておいてください。「伊勢まいりや金比羅もうでに出かけ、物もらいなどをしながら江戸へ出た」という箇所です。

というのは、あとでお話しすることになる「願人《がんにん》」や「乞胸《ごうむね》」の木賃宿に宿泊している人たちこそ、まさに「伊勢まいりや金比羅もうで」に出かけてそのまま江戸に来た人たちだったからです。

「抱非人」の出自だけではなく、「乞胸」や「願人」の出自も、たどってゆけば行き着く先は〝野非人〟となります。〝野非人〟と呼ばれる都市下層民こそ、こうした大道芸人を生み出した出身母体なのです。

流動的な「抱非人」と一般民衆

「抱非人」が一般民衆とどのように交流し、流動していたのか、具体的な事例を少し紹介しておきたいと思います。

これは、文化一一年（一八一四）一一月一八日、弾左衛門から町奉行に上申された事件です。

無宿松五郎は、江戸・両国の米沢町に住む新五郎のせがれで、親と同居していたのですが、両親ともに亡くなってしまったので、根津門前町に住む兄の新七が松五郎を引きとりました。ここで松五郎も成人し、一四年ほど前に湯島三組町の建具師藤八の弟子となりました。しかし素行が悪く長続きせず、一一年ほど前にここを出奔して再び兄の家に同居することになりました。

ところが、新七が九年ほど前の八月に病死したため、松五郎は無宿となり、東海道筋で物もらいをしながら生活していました。しかし、これも難儀に思い、非人頭善七手下で葺屋町河岸の非人小屋頭仁兵衛方を訪ね、非人になりたい旨伝えました。

仁兵衛は、松五郎の身元を確認するため、建具師の藤七方を訪れますが、松五郎の言い分にまちがいないことがわかります。しかし藤七の返答は、いったん弟子にはしたものの、出奔のうえ兄の家へ戻った以上、こちらにはおかまいなく、とのことでした。

仁兵衛が、なおよく調べてと思い帰宅したところ、仁兵衛の妻ひさが葛飾郡百姓紋右衛門方の船頭清七・治郎吉から預かった品物が無くなっており、松五郎もいなくなっていました。どうやら松五郎が、仁兵衛の留守に品物を奪って逃走したようで、これについて仁兵衛から車善七へ届けが出されました。

後半は窃盗事件になってしまいましたが、ここで注目されるのは前半部分です。松五郎は、そのまま行けば職人としてなんとか生計を立てていたのでしょうが、素行が悪かったこと、両親と兄が死去したこともあって、天涯孤独となり、物もらいの生活をはじめます。しかし、それも難儀であったため、意を決して非人になろうとします。

松五郎の場合、結局、窃盗事件を起こしてしまって、非人の組織に入ることにはならなかったわけですが、こうしたかたちで「抱非人」となる人びとは、けっして少なくありませんでした。

拙著『江戸社会と弾左衛門』（解放出版社）では、二六八〜二七〇頁でおなじような事例を紹介していますし、『弾左衛門——大江戸もう一つの社会』（解放出版社）では、そのなかの一人である伊右衛門の事例をくわしく紹介していますので、ご参照いただければ幸いです。

ちなみにこの伊右衛門は、上野国碓井郡坂本宿で旅籠屋を営む伊三郎のせがれでしたが、弘化二年（一八四五）一〇月二四日の〝野非人狩り〟で捕らえられ、安政五年（一八五八）七月三日、五三歳で非人小屋頭となっています。伊右衛門の場合は、〝野非人狩り〟によって「抱非人」となりましたが、かりに「乞胸」の鑑札を入手していれば、「乞胸」になっていたことでしょう。

松五郎の場合、非人小屋頭の仁兵衛を訪ねていますが、仮に乞胸頭の仁太夫《にだゆう》宅を訪ね、鑑札を手に入れれば「乞胸」となっていたでしょうし、願人触頭を訪ねていれば「願人」になっていたことでしょう。

非人・乞胸・願人

全国から都市へ流入し集まってきた〝野非人（貧人）〟たちが、「非人頭」に狩りこまれると「抱非人」となり、時には「非人素性の者」と呼ばれます。一方、彼らが「乞胸」の鑑札を手に入れ、乞胸頭の支配下に入れば「乞胸」となったわけで、また「願人」の鑑札を手に入れれば、「願人」にもなりました。

どんな人間でも〝野非人（貧人・窮民）に落ちる〟可能性があります。「非人素性」の者も「乞胸」も「願人」も、さらにその出自を探れば農民であったり、町人であったり、時には武士であったりするというわけです。

さて、以上のような都市下層民の状況を踏まえて、具体的な江戸の大道芸人の世界に入っていきたいと思います。

第1章　非人と大道芸

1　物まねは「非人」の当たり芸

身ぶり声色の天才・松川鶴市

幕府御坊主衆のひとり喜田有順が寛政九年（一七九七）に書いた『親子草』には、役者の身ぶり・声色をまねる、天才的な芸人・松川鶴市のことが紹介されています。

明和二年（一七六五）、御郭外のお堀さらいがありました。若年でしたのではっきりとは覚えていませんが、呉服橋外のお堀は松平内蔵頭殿のお手伝い丁場で、現在の霊岸橋埋め立て地がこれに当たります。埋め立てた当時は土地が柔らかく、そのためでしょうか、俗にこんにゃく島ともいいました。そこで、地面を固めるため、茶店や軽業、小芝居、豆蔵《まめぞう》などが出て、ことのほか群衆を動員いたしました。なかでも松川鶴市という非人は、三芝居役者の身ぶりや声色をいたしまして、彼こそ、「身ぶりの元祖」といわれています。

鶴市は〝野非人〟ではありません。その所属はわかりませんが、抱非人のひとりです。抱非人のなかには、その生業において鶴市のような〝天賦の才能〟を発揮した人が少なくありませんでした。

この章では、鶴市に代表される抱非人の大道芸について紹介していきたいと思います。なお、以下「非人」と表現するのは、「抱非人」のことをさします。

鶴市を舞台で披露した中村富十郎

さて、この鶴市は、霊岸橋埋め立て地だけでなく、いろんなところで興行していたようです。『親子草』では、続いて中洲町での興行のようすも紹介しています。

明和九年（一七七二）、御伝馬役大伝馬町名主・馬込勘解由《かげゆ》の企画により、新大橋のそばの三ツ俣のところから、酒井修理大夫殿屋敷の側、小橋のあたりの川中に出洲がありますが、これを俗に「中洲」といいます。（中略）（ここに）新地ができ、これを「中洲三ツ俣富永町」と名づけました。地面を固めるため水茶屋ができ、豆蔵などの芸人が出ましたが、なかでも例の松川鶴市が出て、大芝居にも劣らないほどの見物客が集まりました。（中略）

殊に新吉原が類焼したため、この中洲に仮宅が出たりしたため、大群衆が押し寄せ、人を押し分けて歩かないといけないような始末。それでも、冬はいたってさみしいわけですが、この鶴市の場合は、身ぶりがめずらしいのでことのほか繁盛し、三蔵・茶平などといった相手もあって、真夜中の一二時過ぎまで興行しているとか。帰りなどは箱提灯を灯すなど、とても非人のようには見えません。

どうした子細があったのか、しばらく繁華街には出ず、山の手あたりをまわっていたとか。

この鶴市については、森田勘弥座にて中村富十郎が「鶴市という非人、身振り・声色をいたし、人のクセを飲みこむのがうまく、あれは名人でございます。

ぜひ見てくださいますよう、なにとぞお願い申し上げます」と、舞台で披露したほどの人物。そのころずいぶんもてはやされました。

『角川日本地名大辞典 13』によれば、中洲町は「安永元年に馬込勘解由の願いにより築き立て、三股富永町を起立し、九三軒の茶屋が置かれたが、洪水の時に不便であったため寛政元年撤廃」と記されています。

『親子草』の作者・喜田有順は、安永元年＝明和九年（一七七二）当時の中洲のようすを、かなり正確な記録にもとづいて描いているようです。

ここでも鶴市が登場し、大芝居にも劣らぬ人気であったといいます。その芸のすばらしさは、森田勘弥座の中村富十郎が舞台で披露したほどだというわけです。

現在（一九九八年）の富十郎は五代目ですが、ここで登場する中村富十郎は初代です。この人は、享保四年（一七一九）名優芳沢あやめの三男として生まれ、江戸中期に活躍した名女形です。とくに宝暦三年（一七五三）三月、中村座で上演された「京鹿子娘道成寺」は、四カ月という空前のロングラン。現在の「道成寺」の舞踊は、このときの富十郎の舞台が基礎になっているといわれています（菊池明「初世中村富十郎の『道成寺』」季刊『歌舞伎』別冊四号より）。

その初代中村富十郎が、舞台で個人名をあげて褒めたというのですから、松川鶴市の芸のすごさがしのばれます。

しかも〝美男〟の鶴市

実際の芸がどのていどだったのか、いまとなっては知るよしもないのですが、ともかく〝天才的〟な芸人だったようで、弘化三年（一八四六）ごろ刊行された山東京山の『蛛の糸巻』でも、つぎのように紹介されています。

> 夜店の見せ物も多いなかで、鶴市という非人、歌舞伎の身ぶり・声色をなすに妙を得て、しかも美男であったため、婦女子に好かれ、ご乱行もあったとか。さて、その構えをなすようすは、いまの見せ物芝居に変わらないけれど、木戸銭は一人前百銅とか。これによって鶴市の芸の妙を知るべきであろう。

〝美男子で婦女子に好かれ、ご乱行もあった〟など、うらやましいほどもてたわけで、

左端が初代中村富十郎（「歌舞伎年代記」）〔『日本古典全集』版〕

すぐれた考証家であった山東京山のことですから、なにか根拠があるものと思われますが、鶴市が、ともかく人気と実力を兼ね備えた、天才的な芸人であったことはまちがいなさそうです。

『徳川制度』に描かれた鶴市

なお、蛇足になりますが、明治二五年（一八九二）の四月から翌年七月にかけて、『朝野新聞』に連載された『徳川制度』では、この鶴市を乞胸頭の仁太夫《にだゆう》として紹介しています。

参考までに、その箇所を一部引用してみましょう（ただし、現代カナづかいに改めています）。

寛政年間の仁太夫は芸名を鶴の一といい、容姿あくまで柔らかくして、ヒノキ舞台の俳優も三舎を避くるばかりなるに、その演芸の手並み自ら看るべきものありしかば、中洲に芝居小屋をしいて一場の劇を演じ、一時下流社会の喝采を得たることあり。当時おででこ芝居とは、両国その他の広場にワラ葺きの小屋を結び

てお ぼつかなき狂言綺語を演じ、わずかに十六文ないし二十文の木戸銭を納めた
るものなりしが、鶴の一の興行はひとり百文の木戸銭を取りて常に大入りを取り
しといえば、その芸に出藍の栄えありしことを知るべし

『徳川制度』がどのような史料に基づいて書かれたのか、従来から論議の的となっています。この部分については、どうやら『親子草』『蛛の糸巻』の記事なども参考にされているようです。どちらも考証にすぐれた随筆で、とくに『親子草』は、鶴市の活躍から約二〇年ほどのちの寛政年間に書かれていますから、ほぼ事実に近い内容を伝えているものと思われます。

ともかくこの『徳川制度』の記事は、一応の基本的事実は踏まえているようです。ただ、そこにかなりの伝聞や推測も加えられており、鶴市が乞胸頭仁太夫の芸名であるとか、その活躍も寛政年間とされている点など、あやまりも見られます。おそらく「物まね」「仕形能」などが乞胸の芸と重なるものですから、そこから類推されたものでしょう。

逆に言えば、『徳川制度』にそのような混乱が生ずるほど、少なくとも生業に関す

る限り「非人」と「乞胸」とのちがいはなかったわけです。

ちなみに「乞胸」の物まねは、「堺町芝居役者の口上真似、あるいは鳥獣の鳴声を似候事」、「乞胸」の仕形能は、「能の真似を仕候事、当時は相休罷在候へ共、折に仕候事」であるといいます（『類集撰要』拾五）。要するに、役者の身ぶり・声色の物まねですから、「非人」の松川鶴市と、ほぼおなじ内容の芸をおこなっていたことになります。

物まねは「非人」の伝統芸

「物まね」が「乞胸」独自の芸かといえば、けっしてそうではなく、むしろ「非人」の伝統芸といった方がいいように思います。その歴史はかなり古く、鶴市のような名人が突然あらわれたというわけではありません。

寛延四年（一七五一）の『南向茶話』にも、物まねをして歩く「非人」の夫婦が登場します。


関東御入国の後、武蔵国の謡はじめすくなく候につき、梅若事跡隅田川の謡を作らせらる。そのころに夫婦の非人ありて、梅若のありさまを物まねして歩けるとあれば、久しき事とは相見えず。

内容から考えて、江戸時代はじめのようすを写生したものでしょう。おそらく「非人」の組織も、まだ完全にはできあがっていない時代です。こうした物まねの芸は元手がかかりません（ただ、技術は要ります）。そんなこんなで、初期の段階でまず〝貧人〟たちの芸となったものでしょう。

非人の役儀と物まね

江戸の「非人」は、江戸時代を通じて牢屋のさまざまな雑役に従事していますが、その経験を活かした物まねが「非人」の特徴になっていたようです。

寛政八年（一七九六）九月五日、非人の風俗とりしまりについて、町奉行と弾左衛門との間でやりとりが交わされました。つぎに紹介するのはその一部で、非人の物まねに関する部分です。まず、町奉行の問いかけから。

堂・宮地などへ出て物まねをする非人のなかに、〝牢問〟ならびに〝縛り方〟のまねをする者がいると聞いているが、このようなまねをしてはいけないことを非人たちはわかっていないのか。

要するに、町奉行所での取り調べのようすや、罪人の縛り方のあれこれを、おもしろおかしく演じたものでしょう。どんな内容だったのか、いまとなっては知る由もないわけですが、〝牢問〟については思い当たる場面があります。

はるき悦巳の漫画『じゃりン子チエ』のなかに「実況放送『オトシ合戦』」（アクションコミックス版　第一七巻）という話があります。おもしろいのは、無実の罪で捕まったテツを、〝オトシの六〟の異名を持つ刑事の六馬が自白させようとする場面です。

六馬「聞いたことあるやろ。ワシが『オトシの六さん』や。」
テツ「六・三⁉　なにが六・三じゃ。インケツみたいな顔しやがって。」
六馬「イ…イ…インケツ‼」
テツ「ワシ、ポリ公なんかと口ききたなかったけどなぁ。おまえワシが犯人でなかった時の覚悟は出来とるんやろなあ。」
六馬「ポ…ポリ公と言ったな。燃えるぜ、丸山。」
丸山「え…⁉」
六馬「ワシにもこれ頼む。」
丸山「はぁ⁉」
六馬「ワシにも手錠をはめてくれゆうとるんじゃ。」
丸山「手錠をですか。」
テツ「なんじゃい、根性なし。ちょっとビビらしただけで、もぉ降参かい。」
六馬「早くしろ‼」
丸山「はいはい、ただ今。」
テツ「おいミツル、早よ済ましてワシの手錠はずしてくれ。」
といった調子で取り調べが続くわけですが、おそらく、非人が演《や》ったという〝牢問〟も、こうした軽演劇だったように思えます。実態を知っているだけに、大道での演技にも迫力が出たのでしょうが、これも〝物まね芸〟の一種であったことはまちがいありません。

ともかく、こうした町奉行の問いかけ（詰問）に対して、弾左衛門は、つぎのように答えています。

これについて、囚人に関わることや縛り方などはいうまでもなく、たとえ流行唄であっても、世間のウワサとなるようなことはけっしてしてはいけないと、兼ねてより命じております。

わたしの方ではチャンとやっていますというわけです。こうしたやりとりがあって、一〇月一七日に「町触非人共以来とりしまり方書付」という規制が成立しています。物まねに関しては、つぎのような内容です。

堂・宮地などへ出て物まねをする非人は、〝牢問〟ならびに〝縛り方〟は言うまでもなく、流行唄などで世間のウワサに関わるようなものはおこなわないよう。

この規制がどのていど効果があったものか、こののちおなじような内容の規制がくりかえされていることを思えば、あまり効果はなかったものと思われます。

いずれにせよ、こうした〝物まね芸〟の伝統があってはじめて、鶴市のような名人も生まれたにちがいありません。

非人・吉五郎のものがたり

ところで、これまで「物まね」を、非人の〝伝統芸〟というふうに表現してきました。もちろん、そうなのです。しかし実際のところは、「物まね芸」が元手の要らない、手八丁口八丁の芸能であるということ。したがって、貧しい人びとにも〝飯のタネ〟になりうるということ。これにつきるのです。

文化三年(一八〇六)のこと、非人頭松右衛門の手下で、麻布新町の非人小屋頭をつとめていた吉五郎は、松右衛門へ申し立て三〇日の暇をもらいました。日ごろの念願であった伊勢参宮を思い立ったのです。ところが、途中で病にたおれ、日数もいつしか約束の三〇日を超えてしまいました。

結局、欠け落ちを決心し、髪を剃って一清と名を改め、得意の「物まね芸」で村々をまわっていましたが、出で立ちが見苦しくなっては稼ぎも少なくなるので、遠州の市場で、非人のおきてを破って、継ぎ継ぎながら絹の古い単物《ひとえもの》と古い鈍子《どんす》帯《おび》を買って、それをまとい、物もらいなどをしていました。

しかし、ちかごろは病気がちで、生活もできなくなったため、欠け落ちしたことを後悔するようになり、松右衛門方へ詫びを入れようと、文化七年（一八一〇）六月四日、江戸へ戻ってきました。

同日の昼ごろ、江戸城半蔵御門外の御堀端まで来て、小荷駄馬がいなないたのに驚き、御堀へ落ちてしまいました。ようやく御門番所の役人に引き上げられましたが、絹の衣類を着ているので、非人であることを明かすわけにもいかず、無宿一清と名のり、「軍書を読み、村々を徘徊しています」と言って、とりつくろいました。

結局、同年一一月二二日、身分を隠したことが不届きとのことで、町奉行所では「江戸払い」を命ぜられましたが、非人身分のため、弾左衛門方へ預けられました。

この吉五郎の事件でもわかるように、「物まね芸」も「物もらい」も、いわばギリギリともいえる生活手段でした。都市下層民が同様の芸を生業にせざるをえなかったのも、結局そこにつきるのです。

2　その他の芸能

「非人」の生業について

ここでもう一度、非人の生業について整理しておきたいと思います。

本書の「序章」でも、非人の生業として、古雪踏《せった》直し・古木拾い・紙くず拾いなどのほか、浄瑠璃《じょうるり》語り・物まね・袖乞いなどの大道芸があるという話をしました。とくに物まねは、非人の特徴的な生業だったわけで、寛政三年（一七九一）五月九日の史料でも、「雪駄直し又は物真似稼ぎ等に罷り出」とあり、雪踏直し・物まねの二つが、非人の生業の代表格としてあげられています。

しかしこれは、非人の芸が、結果として「物まね芸」に昇華されたということのようで、基本的な非人の〝芸〟は、「物もらい」であり、「袖乞い」であったようです。「袖乞い」「物乞い」ということばから、ムシロなどにすわってひたすら銭を乞うすがたをイメージする人が多いでしょう。しかし、こうした「物乞い」も、結局は〝哀れさ〟を売って銭をもらっているわけで、一方的に銭を受けとっているわけではあり

右端が古雪踏直し（「人倫訓蒙図彙」）〔『日本古典全集』版〕

ません。要はなにを売るかです。たとえば大道芸の場合は、さまざまな〝芸〟を見せて、そのめずらしさを売って銭をもらっている生業ということになります。

この原則は、非人の〝芸能〟だけでなく、あとでくわしく紹介することになる「乞胸」や「願人」の場合も同様なのです。

正月の門付け芸

近世の随筆は、大道芸に従事する「非人」のすがたを数多く描いています。『寛保延享江府風俗志』は、元文（一七三六〜四一）から延享（一七四四〜四八）にかけての風俗を記したものですが、そのころの正月風景として、

> 三日ごろより非人大黒舞ばかり出る、それより春駒おどりなど出る、鳥おいとて女非人三味鼓にて歌唄い来る。

と、非人の「大黒舞」や「鳥追《とりおい》」を紹介しています。

文化七年（一八一〇）成立の『飛鳥川』にも、おなじような記事があります。

正月、大黒舞、鳥追とて、編笠にて歩行く、近年、菅の丸笠など用る女乞食、三味線を弾を女太夫と称す、近年、衣類など殊の外立派になる、鳥追の編笠は古法か。

「大黒舞」のそもそもの発生は、〝大黒天〟の面をかぶって頭巾を着け、家々をまわって歌い踊ったのがはじまりで、京都や大坂でも非人の芸能とされていました。江戸の場合は、正月から二月のはじめにかけて吉原へ出かけ、芝居狂言や物まねをしたもので、『嬉遊笑覧』では「大黒舞とて非人来て種々の物真似をなす、大黒舞ハかた計《ばかり》にて多ハ芝居狂言のまねをなす」と説明しています。要するに、大黒のかっこうはしていますが、芸のなかみは「物まね」だったようです。

なお、江戸の大黒舞は、はじまりの日時を正月二日からとする史料や、正月六日からとする史料などがあって一致しません。

「春駒」は、正月七日におこなわれる宮中の白馬の節会《せちえ》が起源と伝えられ、馬の頭をかたどったものを持って舞い踊る門付け芸をいいます。

「鳥追」と「女太夫」

「鳥追」も、本来は正月の風俗です。編笠をかぶって手甲・日和下駄《ひよりげた》の出で立ちで、三味線などを奏でながら祝い唄を歌い、家々をまわったものです。

『飛鳥川』では、これを〝女太夫〟として紹介していますが、『嬉遊笑覧』でも、「江戸の鳥追ハ、非人の女房娘にて常にハ浄るりなどをうたひ、三絃ひきて来る故、俗に女大夫と呼あるまじき名づけやうなり」として、ふだんは門付けに浄瑠璃を語る〝女太夫〟として紹介しています。

つまり、ふだんは〝女太夫〟と呼ばれていますが、正月だけはこれを「鳥追」と呼んだわけです。非人の浄瑠璃語りとは、主にこの〝女太夫〟をさしています。

〝女太夫〟は歌舞伎の舞台でもとりあげられており、文化一三年（一八一六）の作「七小町容彩四季」（ななこまちすがたのさいしき）でも〝女太夫〟が登場します。浅黄のヒモの編笠をかぶり、白い帯揚げという出で立ちで、赤いものを身に着けないのがその特徴であったと伝えられています。

また、ふだんは菅笠をかぶっていましたが、正月だけは（つまり「鳥追」の時には）

編笠をかぶったようです。

「鳥追」については、商家の通い番頭が明治維新直前の江戸風景を写した『そらをぼえ』にも、

毎年初春は編笠をかぶり、祝いの弦歌を唄いて門に立つ、これを鳥追という、浅草田圃溜の小屋頭車善七の手下、江戸市中ならびに端々川岸の小屋者の妻娘、弦歌して市中に銭を乞う。

の記事があり、ここでも正月風景として、編笠をかぶって祝いの三味線唄を歌う鳥追のようすがくわしく描かれています。とくに浅草非人頭車善七の手下で非人小屋頭の妻や娘たちが、鳥追に出て稼いでいることが確認できます。

「大黒舞」は〝物まね芸〟の亜流、「春駒」や「鳥追」は〝門付け芸〟の一種ということになりますが、共通しているのは、お正月ムードをバックに〝めでたさを売る〟というところでしょうか（もっとも「鳥追」の場合、その活動は正月だけではありませんが）。「ホイト芸」ということばが〝ことほぎの芸〟〝ホギト芸〟から派生したとされ

るのも、そうした大道芸の性格を考えれば納得できます。

古札納めの非人

大黒舞や春駒・鳥追などは、まだ大道芸のふんいきが十分にありますが、はたして〝芸〟といえるかどうか、微妙なものも少なくありません。

たとえば、文化一一年（一八一四）の『塵塚談』には、非人のさまざまな〝ホイト芸〟が紹介されています。

古札納めという非人、わたしが若年のころは、毎年一二月に武家・町屋を「御祓い納めよ古札納め」と叫び歩く。年中仏神の札守が溜まったのを、銭を付てこの非人に遣ったことだった。近年は絶えてしまったのだろうか、まったく来なくなってしまった。

単に古い札を渡すだけではなく、その時に銭を添えるというわけで、これが非人の収益になりました。「御祓い納めよ古札納め」の呼び声に〝芸〟的要素がないわけで

左端が古針を集める針の供養（「人倫訓蒙図彙」）〔『日本古典全集』版〕

はありませんが、〝芸〟というよりも「廃品回収」に近いのかもしれません。

ただし、「廃品回収」の場合は、普通、廃品を受けとる方が金を渡しますから、正当な売買契約といえます。この「古札納め」の場合は、渡す方が銭を添えるわけですから、品物の移動にともなう売買とはちょっと性格がちがいます。やはり、「古札納め」に〝神的なもの〟を見ているわけで、そうした神的行為の代理をつとめてもらう代償という性格があるのでしょう。

「厄払い」の非人

これと似ているのが非人の「厄払い」ですが、これも『塵塚談』で紹介されています。

厄払いという非人、節分の夜は「お厄払い、お厄払いましょう」と叫び、武家・町家を歩くことは今も変わらない。文化元年（一八〇四）ころより、大晦日・正月六日・正月一四日の夜にも、除夜のごとく「お厄払いお厄払い」と言って来たものだ。しかし、節分の時のように大勢は来ない。

ここでも、「お厄払い、お厄払いましょう」の呼び声に、多少の〝芸〟的要素が見られます。

しかし、むしろ〝芸を売る〟というより、厄払いという〝神的行為を売る〟と言った方が正確です。ただ、この「厄払い」の場合、「古札納め」ともちがって、古札などの〝品物〟を媒介にしていません。純粋に〝神的行為〟に対する代償という感じがします。

〝あわれさ〟を売る

これに対し、〝あわれさを売る〟場合もあります。往来にすわって銭を乞う、いわば典型的な〝物もらい〟もその一種です。演技のできない「貧人」「窮民」でも、すぐにはじめられる生業ともいえます。したがってこれは、抱非人の「物もらい」というよりも、「都市下層民」に共通した〝物もらい芸〟ということもできます。

大道芸を生業とする「乞胸」にも、これと同様の〝芸〟があります。「辻勧進」とか呼ばれるものがそれで、文政四年（一八二一）の史料によれば、「往来に罷りあり、無芸なる者ならびに女・子ども銭を乞い候者を申し候事」と記されています（『類集撰要』拾五）。〝芸〟がなくてもできるというわけです。

『続飛鳥川』には、おおきな睾丸を往来の人びとに見せて、銭を取っている乞食が登場します。

戸塚のきん玉、乞食なり、きん玉の大なること、四斗俵より大なり、往来の人あまた絶えずほどこす。

「四斗俵」よりおおきいなど、どこまで真実か疑わしい限りですが、〝おおきな睾丸〟を見せ物にして生活していた乞食がいたことは事実のようです。

おおきな睾丸は寄生虫による風土病

寄生虫博士として有名な藤田紘一郎さんは、その著書『笑うカイチュウ』（講談社刊　一九九四年）・『空飛ぶ寄生虫』（講談社刊　一九九六年）がともにベストセラーとなりました。

藤田さんは、その『空飛ぶ寄生虫』で、おおきな睾丸の話を紹介しておられます（五〇〜五六頁）。それによれば、これはバンクロフト糸状虫という寄生虫による風土病だといいます。この寄生虫は、人の股の付け根のリンパ管などに好んで寄生し、リンパ管をふさぐそうです。そうすると、リンパ管がうっせきしコブができる。それがおおきくなると、ついにはコブが破裂しリンパ液が流出する。それが睾丸にたまると、〝陰嚢水腫〟と呼ばれる風土病になるというのです。

また、うっせきしたリンパ液が皮下組織に浸透し、皮膚がふくらんで厚くなり、ゾウの皮膚のようになる場合もあって、これが〝象皮病〟だそうです。

さらに藤田さんは、歴史的な事例として、西郷隆盛がこの〝陰嚢水腫〟であったことを紹介していますが、そもそもこの風土病は、現在、アフリカ・中南米・東南アジア・南太平洋など世界中に分布し、その患者は、熱帯・亜熱帯を中心に一億五〇〇〇万人にも達するといいます。

おそらく、『続飛鳥川』で紹介されている〝戸塚のきん玉〟と称する乞食も、このバンクロフト糸状虫症という風土病の患者だったのでしょう。

ただ、藤田さんの話にもあるように、この風土病は熱帯・亜熱帯に多い症例で、江戸の周辺では少なかったのでしょう。逆にいえば、少ないからこそ〝ものめずらしい〟わけで、それが「往来の人あまた絶えずほどこす」という状況を生んだのでしょう。

この陰嚢こそ命の親

参考までに、『続飛鳥川』は寛延（一七四八〜五一）から天保（一八三一〜四四）にいたる風俗を記録したものですが、これに憶測・伝聞を加えたらしい記事が、文政六年（一八二三）の『理斎随筆』でも紹介されています。

むかし七、八〇年前に、東海道戸塚に〝大陰嚢〟で有名な乞食がいた。それに引き続いて、わたしが長崎へおもむいた寛政のころ（一七八九〜一八〇一）にも、おなじ宿場に、またおおきな陰嚢の乞食がいた。旅人が行き来する道端で、陰嚢の上にたたき鉦《かね》を置いて、念仏を唱えて銭をもらい、生計を立てている者であった。日が暮れて家に帰る時は、そのきん玉にヒモをからげて結びあげ、肩にかけて戻ったという。むかしの二代目だろうという話だった。

ある時、西洋人が江戸へ拝礼に来た際、これを見て不憫に思い、「水をとって治してあげましょう」と、通訳を通じて申し出たけれど、その乞食が答えて言うには、「そのお気持ちはありがたいけれど、わたしはこの陰嚢のおかげで、銭を稼いで楽に暮らしています。いまこの陰嚢が人並みになっては、かえって飢えに苦しむことになってしまいます。この陰嚢こそ、わたしの命の親です」と言って、治療を断ったとか。興味深い話である。

真偽のほどは定かではありませんが、「この陰嚢のおかげで、銭を稼いで楽に暮らしています」「この陰嚢が人並みになっては、かえって飢えに苦しむことになってしまいます」といったあたり、たしかに逆説的で興味深い話です。

〝障害〟が見せ物になることがあります。〝障害〟を売って生活しているわけですから、これは〝障害者〟に対する差別につながります。〝障害〟というものに対する社会的な意識を利用し、そのめずらしさを売って銭を受けているわけですから……。〝障害者〟を利用して見せ物小屋へ出し、あまい汁を吸っている悪徳小屋主などの存在は、その最たるものでしょう。

ただ、この話に登場する「戸塚の〝大陰嚢〟」のように、生きるギリギリの線で生活している人びとにとって、こんな理屈が通用するかどうか。まず生きなければならないわけですから……。いや、これは問題の立て方がおかしい。彼がなぜ、こうした生計の道を立てねばならなかったのか、そこからまず問わねばならないでしょう。少なくとも〝おおきなきん玉〟は、寄生虫の責任ではあっても、本人の責任では絶対にないのですから。

〝芸〟をしない〝物もらい〟

ところで、売るものもない〝神的行為〟すらしない〝物もらい〟もいます。これも『塵塚談』の一節です。

松右衛門といふ非人がいる。江戸中の武家・町家にそれぞれの持ち場があって、朔望《さくぼう》（一日・十五日）・五節句、そのほかに吉凶の家へ行き、「松右衛門にお祝い下され」と銭を乞うている。その衣服は、股引きをはき、腰に〝鼻ねじり〟という二尺ほどの棒をはさみ、〝面桶《めんつう》〟という曲物を腰にさげて、持ち場持ち場を毎日のようにまわり歩いている。

これなど、ほとんど〝芸〟を演《や》っていません。「松右衛門にお祝い下され」と、銭を乞うだけです。その点では、純粋の〝物もらい〟に近いともいえます。

祝祭日などに銭を施す習慣は、各地で残されています。西洋でも、クリスマスやハロウィンの日などに子どもたちが家々をまわり、小づかいやおかしなどをもらう習慣があります。

最近は少なくなりましたが、わたしたちが子どものころは（一九六〇年前後の話です）、近所で葬式や結婚式があると飛んでいったものでした。お菓子などがもらえたからです。そうした伝統はつい最近まで残されていました。江戸時代のわが国では、その恩恵を非人が受けていたということでしょうか。

ただ、この種の〝物もらい〟は施しの強要につながりかねず、〝物もらい〟というより、〝ゆすり・たかり〟となる場合も少なくありませんでした。そうした〝悪ねだり〟を禁止した触書は、江戸時代を通じてなんども出されています。

たとえば先に紹介した寛政八年（一七九六）一〇月一七日の「町触非人共以来とり

しまり方書付」では、

武家方・寺社方・百姓・町人え対し、不礼致さず、物もらい罷り出候者も悪くねだり、又は悪口など致し候儀、きびしく申しつけ候事。

と、悪ねだり・悪口をせぬよう、お達しが出されています。

とはいえ、非人の生業としては、こうした祝祭日や吉凶に際しての〝祝儀〟がおおきな収入源であっただけに、あまり守られなかったようで、たとえば弘化二年（一八四五）八月一七日の「非人掟書上」でも、

勧進または物貰いに罷り出、ねだり並びに喧嘩・口論・悪口など致させまじき儀に御座候。

と、ほぼおなじ内容のものがくりかえされています。

これなど、けっして〝芸能〟ではなく、まして〝神的行為〟でもありません。

文政五年「日勧進」のはじまり

文政五年（一八二二）、町奉行がこうした非人の勧進・物もらいを正式に認めます。これが「日勧進」で、非人頭の収入を確保するため、非人が毎日、各町々をまわり、一文ずつもらって歩くというものでした。

それぞれの非人頭は、手下の抱非人を動員して「日勧進」を集めますが、この文政五年の一年間だけで、浅草の車千代松（当時は、善七を名のっていませんでした）は四一六両二分二朱余、品川松右衛門は七六両一分余、深川善三郎は五六両一分二朱、代々木久兵衛は三両二分二朱の収入を確保しています。車千代松が極端に多く、久兵衛が極端に少ないというアンバランスはありますが、千代松はもちろん、松右衛門・善三郎にとっても、一息つける収入であったことはいうまでもありません。

しかし「日勧進」は、あくまで非人頭の収入であり、平の抱非人にとっては、非人頭の勧進収入からのピンハネが、町奉行によって公認されたに等しいものです。抱非人は、非人頭↓非人小頭↓非人小屋頭↓抱非人とある非人組織の底辺にあって、絶えずピンハネの被害を受けてきました。実際、抱非人の生活は困窮そのもので、〝欠け落ち〝蒸発〟があとを絶たない根本的な理由も、こんなところにありました。

非人の困窮

ナンバー2の非人頭である品川松右衛門自身が、しばしばその窮状を訴え、自ら欠け落ちすることもありましたから、底辺にいる抱非人の惨状は、想像を絶するものでした。

嘉永七年（一八五四）に提出された松右衛門の嘆願書は、抱非人の生業が立ち行かなくなった事情を、つぎのように訴えています。

> 近年、町家において麻裏ゾウリ・ゾウリ下駄といったはき物が流行し、非人の稼ぎであった古雪踏《せった》直しにもさしさわりが生じています。
>
> 土さらいは鳶人足《とびにんそく》もしておりますし、古木などは町家の湯屋でも拾っています。
>
> 行き倒れ変死人の処理も、武家屋敷の持ち場では愛宕下青松寺門前に居住している辻番人の口入れ屋・相田屋半左衛門が引き受けてとりあつかっています。
>
> さらに、天保年中の飢饉以来、神田橋本町・芝新網町の「願人」方では、無宿

をさし置いて物もらいの稼ぎをさせ、場末の町家や木賃宿にも、物もらいの稼ぎをしている者がずいぶんたくさんいます。

下谷の乞胸頭仁太夫宅では、各地で物まね稼ぎをしている者を宿泊させ、あちこちの繁華街のよしず張りで演技をさせています。一二月になれば、節季候《せきぞろ》・厄払い稼ぎなどもさせています。そのほか、町人にも自分の鑑札を渡し、男女に限らず町々で三味線渡世などをさせています。

南品川二丁目で木賃宿を経営している熊次郎という者など、仁太夫の出張所などと称し、熊次郎からも鑑札を出して、同様の生業をさせています。

非人の稼ぎにまぎらわしいものがこのほかにもあります。

あくまで非人頭の立場から抱非人の窮状を訴えたものですから、かなり割り引いて評価する必要はあるでしょうが、非人とその他の民衆との、生業上のせめぎあいが、みごとに整理されています。

非人の生業は、貧困ゆえに生み出されたものです。彼らはまさに、生きるギリギリのところで生計を立てていました。しかし、おなじように生きねばならない人びとが、非人以外にも存在します。そこから、生業のうえでの競合・トラブルが起こってくるわけです。その一方、都市下層民としての共通の利害関係にも立っているわけで、時には共同戦線を張る場合もありました。

以下の章では、そうした都市下層民の動きを、「乞胸」「願人」の大道芸を通して見ていきたいと思います。

第2章　乞胸の大道芸

1　乞胸の身分と組織

「乞胸」とは？

まず「乞胸《ごうむね》」の語源について少し考えてみます。なぜ「乞胸」なのでしょう。実はここから、すでにわからないのです。

ただ、いろんな説があります。

乞胸の住居がいわゆる長屋で、「合棟」であったという説。これは、ちょっと苦しいです。これだと、「合棟」に住んでいる人びとはみんな「乞胸」になってしまいます。

『嬉遊笑覧』巻之十一は、「乞食の部類に乞胸と呼ものあり」とし、「乞食」と「乞胸」の「乞」という文字に共通点を見いだしているようです。なるほど……。では、「胸」はどうなるのでしょう?

高柳金芳氏は、乞胸頭仁《に》太《だ》夫《ゆう》家に伝わる言い伝えとして、「家々の門に立ち、施を乞い候義は、先方の胸中の志を乞い候と申す意にて、乞胸と唱え候趣を、申し伝え候」という説を紹介しています。

なるほど「胸中の志を乞う」というわけです。「乞」も「胸」も両方入っています。なるほど……。しかし「胸中の志を乞う」は、ちょっとインテリっぽい感じがしませんか? 生活感覚に乏しく、どうもひっかかります。

さきほどの『嬉遊笑覧』巻之十一をもう少し読みますと、「乞胸といふは胸たゝきの名に似つかはしけれど是はもと乞旨などの意にや」とも書かれています。

中世の〝物乞い〟に、頭巾をかぶって手で胸を叩いて拍子を取り演技をおこなう「胸たたき」と称する人びとがいました。さすが『嬉遊笑覧』です。「胸」の説明もちゃんと書いてありました。

ただ、よほど自信がなかったのか、「胸たゝきの名に似つかはしけれど」と、自分で否定してしまっています。もっともわたしは、これが正解だと思っています。ということで、「乞胸」の語源についてはいまだにわからないのです。

「乞胸」の起源は？

「乞胸」の起源については、すでに「序章」のところで紹介していますが、もう一度おさらいをしておきましょう。

話は江戸時代の初頭にさかのぼります。当時、長嶋磯右衛門という浪人が、薬師堂前の宮辺又四郎支配地（日本橋小伝馬町）に住んでいました。あちこちの寺社境内や空き地で、草芝居や狂言などの見せ物をおこなっていたのですが、そうこうするうち、だんだん人数が増え、大所帯となっていきました。

ところが慶安のころ（一六四八〜五二）、浅草の非人頭車善七から訴えが起こされました。非人の生業とおなじことを長嶋磯右衛門の仲間がやっているので、われわれははなはだ迷惑だ、というのが訴えの趣旨です。

しかし、町奉行石谷左近将監の裁定によって、一応、磯右衛門たちの稼業は認められます。ただし、稼業をおこなっている間は、車善七の支配を受けるという妥協案でした。

こうして、身分は町人、職業のみ非人頭善七の支配を受けるという、変則的な身分ができあがります。

「乞胸」の身分は？

こんな調子で、「乞胸」の身分としての位置づけは、ずいぶん複雑です。説明しにくいのですが、とりあえず抱非人と比較しながら、できるだけ整理してみたいと思います。

まず、身分の所属を決定するもののひとつに「人別帳」があります。

抱非人の場合は、小屋頭から提出された人別をもとに、非人頭が人別帳を集約・作成し、それを長吏頭の弾左衛門に提出します。このことからも、抱非人が「非人」として〝固定された〟独自の身分であることがわかります。

「乞胸」の場合、人別帳は町方へ提出されますから、身分は「町人」であることが確認できます。

つぎに、もろもろの訴えを起こす場合、「どこに書類を提出するか」も身分を決定するおおきな手がかりとなります。

抱非人の場合は、かならず非人頭を通じ弾左衛門を経て、町奉行へ届けられます。非人頭を通さず弾左衛門へ直接訴えたり、直接町奉行へ訴えたりはできません。つまり、抱非人は、非人頭の支配を受けていることによって「非人身分」とされているわけです。

「乞胸」の場合は、町役人を介して町奉行へ訴えますから、この点からも「町人身分」であることがわかります。

ところが、稼業については非人頭車善七の支配を受けるというわけですから、ここからがややこしくなります。

町奉行から呼び出しがありました。用件が身分に関すること（たとえば、触書の伝達や居住地についてなど）であれば町役人が付き添います。しかし稼業に関すること（たとえば、仕事の縄張りやトラブルについてなど）であれば、善七方の手の者が付き添うというわけです。

では、「乞胸」が稼業をやめればどうなるのでしょう。この場合、非人頭との関係は一切なくなってしまい、ただの町人になります。もっとも、それでも生活が成り立つかどうかが問題なのですが……。

寺木伸明さんなどは、あえて「『半賤民』とも称すべき人々」と表現していますが、たしかに一言で表現しようとすれば、そう呼ぶしかない複雑な身分です。

乞胸頭・仁太夫

乞胸の集団は、明和五年（一七六八）、主要な住居を下谷山崎町へ移しました。おなじ山崎町の二丁目には、すでに「願人」が住んでいましたから、両者の間には、それ以前からなんらかのつながりがあったのかもしれません。

明和五年当時の乞胸頭は、長嶋磯右衛門から八代目に当たり、山本助右衛門という名前でした。名字が長嶋から山本に変わっていますから、おそらくこのあたりまでは〝頭〟は世襲ではなく、集団のなかで頭角をあらわした者が、〝頭〟としてのリーダーシップを発揮していたのでしょう。

ところが、助右衛門のせがれが「仁太夫」と称し、彼が九代目の乞胸頭となって以来、〝頭〟は代々「仁太夫」を名のることになります。地位そのものが世襲されたかどうかはわかりませんが、乞胸頭の名前が世襲されたということは、乞胸の組織がほぼ確立したということを、少なくとも示すものでしょう。

一〇代目の乞胸頭は、寛政期（一七八九～一八〇一）に活躍した仁太夫ですが、この人については、家庭のようすが少しわかります。

彼の家は下谷山崎町一丁目にあり、借地に一九坪ほどの家を建てて住んでいます。子どもはなく、妻と両親の四人家族です。召使もおらず、質素な暮らしをしていました。ただ、近所に手代が住んでいるので、用事はそれで十分まかなえ、乞胸頭の所用のない時には、自分も稼業に出ていました。

乞胸頭のおもな収入は、乞胸へ渡す鑑札の礼銭で、それを小頭《こがしら》（手代）たちと分けて生活していたそうです。寛政五年（一七九三）の段階で、仁太夫の月収は銭一二貫文と推定されますが、これは公定相場なら金で約三両となります。これは月収ですから、年収に直すと約三六両です。一人分ならかなりの収入ですが、これを手代《てだい》と分けるわけですから、さほどの収入にはなりません。

文化二年（一八〇五）の史料によれば、仁太夫には組頭一人・手代四人がおり、彼らは五人とも下谷山崎町二丁目に住んでいました。手代クラスがこの五人だけならば、六人で折半すれば六両ずつの取り分となります。これなら、四人家族でギリギリというところでしょうか。なににせよ〝左ウチワ〟というわけにはいかず、仁太夫自身が稼業に出ていたという事情も、なんとなくうなずけます。

なお、乞胸頭については、文政九年（一八二六）の段階で一一代目が登場しますが、それ以後、何代ぐらい世襲されたのかは不明です。しかし、明治四年（一八七一）の、いわゆる「解放令」の直後まで、乞胸頭が仁太夫を名のっていたことは確認されています。

乞胸の居住地

天保一四年（一八四三）段階では、仁太夫の手代もその数が増えていたようで、下谷山崎町に六人、四谷天龍寺門前に一人、深川海辺大工町に一人、合計八人がいました。そして、これに仁太夫自身を加えた九人の家が、木賃宿として乞胸たちを泊めていたようです。九軒の内訳は、つぎのようになっています。

下谷山崎町二丁目　乞胸頭・仁太夫
　　　　　　　　　手代・京右衛門

手代・善右衛門
手代・藤　吉
手代・徳兵衛
手代・弥　助
手代・卯兵衛　｝乞胸稼業の者一〇〇人余り宿泊

四谷天龍寺門前　手代・権次郎｝乞胸稼業の者一六、七人ほど宿泊

深川海辺大工町　手代・富　蔵｝乞胸稼業の者二一人ほど宿泊

九軒で合計一四〇名ほどの乞胸が泊まっていたというわけですから、平均一五、六人が宿泊していたことになります。

深川海辺大工町の富蔵宅では二一人が泊まっていたというのですから、これはもう〝いそうろう〟の域を超えています。富蔵は、もう立派な木賃宿の経営者です。なお、ここでは、仁太夫は山崎町二丁目に住んでいたことになっています。一丁目から引っ越したのか、史料上のミスなのかなんともいえませんが、これについてはあとでもう一度触れます。

この木賃宿は、屋根代と称して一日一人二四文を宿泊客から受けとっていましたが、天保ごろには、町奉行の指導もあって二二文に引き下げられました。宿からは、薪と番茶を少々、一日ずつ見はからって渡しており、布団を借りている者は、一日一六文ないし二四文を置主へ払っています。そのほか「乞胸札料」として、一月四八文を仁太夫に支払っています。これは、あとでお話しする鑑札料のことでしょう。

この費用が安いかどうかはともかく、日銭で支払うわけですから、貧しい人びとに利用しやすくなっているのは事実です。

その結果、長く逗留する者が多く、三〜五年にもおよぶ者もいるとか。こんな調子ですから、宿泊客は乞胸稼業の者だけでなく、巡礼や金比羅もうで・伊勢まいり・袖乞いなどが多いといいます。

乞胸の人数は？

乞胸の経営する木賃宿には、天保一四年（一八四三）の段階で、約一四〇人ほどが宿泊していた、というより生活していたわけですが、乞胸の数は、これですべてではありません。

しかも絶えず流入・流出がありますので、天保一三年（一八四二）の仁太夫の書き上げでは、彼自身が「人数の増減が月々あります」と付け加えているほどです。正確な数字をつかむことはとうていできません。ただ、いろんな史料からおおよその数字をはじき出すことはできます。それを整理したのが次の表です。

年　代	乞胸の人数
天明期（一七八一～八九）	二〇〇人余
寛政五年（一七九三）	四〇〇人余
天保一三年（一八四二）	七四九人
弘化三年（一八四六）	七〇〇人余

これで見ると、増減があるとはいいながら、幕末に近づくほど、確実にしかも急速に増えていることがわかります。この時期は、天明の飢饉・天保の飢饉という江戸時代未曾有の飢饉を経ており、そのなかで都市下層民が急増し、それがそのまま乞胸の人数増加に反映しているようです。

天保一三年（一八四二）六月の仁太夫書き上げは、乞胸の人数を一応七四九人と記しています。この書き上げには居住地も記されていますので、それを整理してみましょう。

山崎町一丁目	二一二人（二八・三%）
山崎町二丁目	二六六人（三五・五%）
深川海辺大工町	二三人（三・一%）
四谷天龍寺	一八人（二・四%）
その他、町々に居住	二三〇人（三〇・七%）
合計	七四九人

大部分（六三・八%）は下谷山崎町に居住していますが、その一丁目と二丁目に、ほぼ同数の乞胸が居住しているのも興味深いことです。もともと二丁目には「願人」が住んでいました。そこへ「乞胸」が進出していったのか、そもそも「願人」と「乞胸」自身がそれほどちがいがなかったのか、どちらかでしょう。わたしはあとのほうだと思っていますが……。両者を区別するものは、どちらの鑑札を持っているかだけ

ですから、この数字も、たまたま「乞胸」の鑑札を持っていた都市下層民の数だと考えればいいわけです。

その他の地域にも三六・二％が居住しています。とくに深川海辺大工町・四谷天龍寺以外の町々に、三〇・七％が散らばっていることが注目されます。これこそ、「乞胸」の都市下層民としての実態をものがたっているように思います。

そして当然のように、この数字も月々の増減があるというわけですから、乞胸頭の仁太夫ですら、正確には把握しきれないのが実状だったのでしょう。

乞胸の鑑札

ここで問題となるのが「乞胸」の鑑札です。これこそ、「乞胸」を特徴づける、というより「乞胸」であるための唯一の証明なのです。

この鑑札さえ持てば、だれでもすぐ「乞胸」になれました。たとえば、「乞胸」と区別のつかない「香具師《やし》」でも、「乞胸」の鑑札を持てばたちどころに正式の「乞胸」となります。そして鑑札を返せば、その瞬間から「乞胸」でなくなるわけです。

この鑑札は、長さ八・五センチ、幅五・五センチ、厚さ一・二センチの板で、表に

「江戸判 乞胸頭山本仁太夫 月改」、裏に「何町誰店 誰方ニ同居 持主 誰 焼印㊥」、右横に年号、左横に「何月改 印 寅何十歳」などと書かれています。

〝窮民〟による〝窮民〟のための鑑札

乞胸頭は、鑑札を渡して鑑札料をとります。鑑札料は、家族の人数に関係なく一家族当たりで徴収し、一カ月四八文が原則となっています。ソバが一杯一六文だったといいますから、ずいぶん安い鑑札料だということがわかります。しかも、稼業のなかみによっては、三二文や二四文の時もあるといいますから、都市下層民にとって、こんなに好都合な鑑札はありません。

鑑札は、一人に一枚ずつ渡すのが原則ですが、幼児で親につき添って仕事に出ている場合は、親には渡しますが幼児には渡しません。もっとも、幼児が一人で仕事に出ている場合もありますので、その時には幼児にも一枚渡します。

家族が全員稼業に出ている場合は、全員に鑑札を渡し、亭主だけが出ている場合は、亭主だけに渡します。しかし、家族全員に鑑札を渡しても、鑑札料は、亭主から受けとる四八文だけです。このあたりが、都市下層民にとって、本当にうれしいきまりと

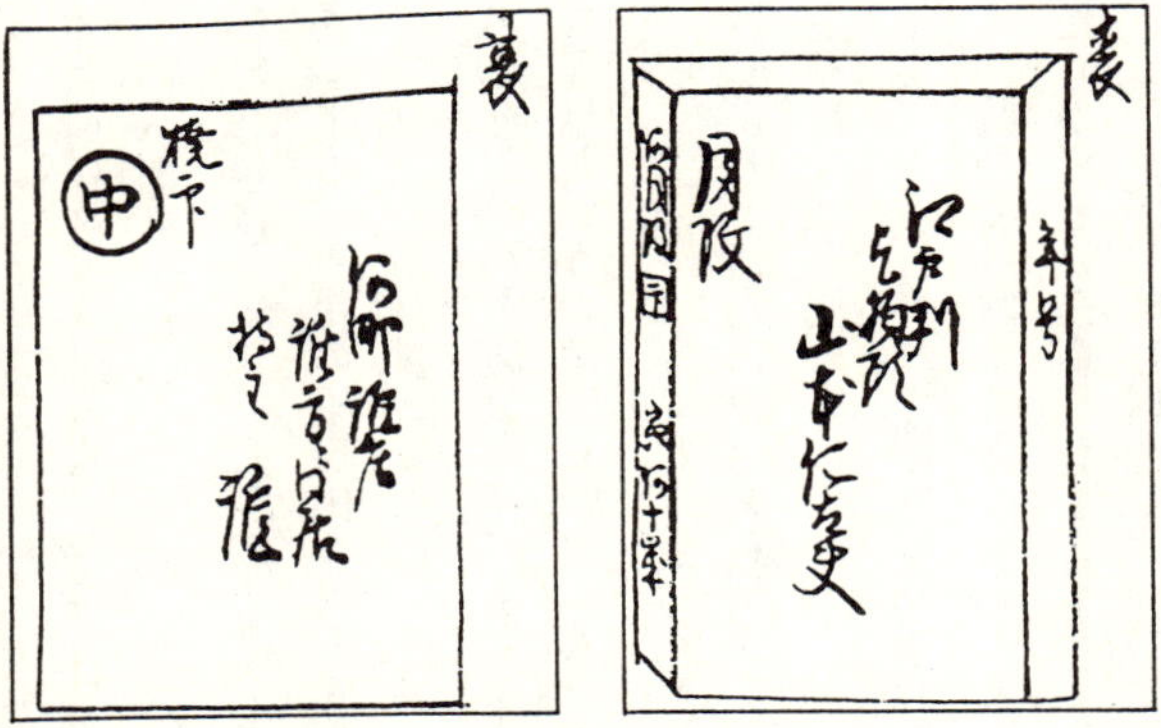

乞胸の鑑札

なっています。

また、とくに年齢の定めはありませんが、年老いて身体が不自由になった者からは鑑札料はとりません。しかしそれでも、すわって銭を乞う〝物乞い〟(「辻勧進」)ならできますから、一応鑑札は渡します。もっとも老人でも、健康であれば四八文を受けとります。若者であっても、手足の不自由な者からは鑑札料を強いて徴収しません。

そういえば、一八八〇年以降の被差別部落でも、よく似た生活の工夫がなされていました。たとえばムラ風呂というのは、たいていムラの寺院が経営していたのですが、お金ではなく、寺が発行した札を入浴の時に持っていくようになっていました。もちろん、よその銭湯へ行くよりも格安に風呂を利用することができたわけですが、この札は、ムラの中なら金券としても使えました。

こうした工夫は、そもそもが貧しい住民の立場から発想されたもので、〝富の分配〟などといった資本の論理では解釈できません。乞胸の鑑札は、そもそも窮民が窮民のために生み出したものだという感じがします。

ただ、乞胸の木賃宿はそうではありません。そこには、巧妙な収奪の論理が働いています。しかし、これについては、もっとあとで説明したいと思います。

2　乞胸の生業

江戸時代初期の生業

長嶋磯右衛門とその仲間が大道芸をはじめた当時は、「草芝居・狂言など、すべて見せ物を稼業にしていた」といわれています。草芝居とは、芝居小屋ではなく、寺社の境内や空き地などでおこなう芝居をさします。

ところがこの肝心の草芝居が、正徳四年（一七一四）当時の寺社奉行森川出羽守俊胤によって禁止されます。寺社境内での興行が問題になったのでしょう。そしてこれ以降、芝居については、よしず張りの内でおこなうことになったといわれています。

ただ乞胸の稼業は、草芝居・狂言だけではなく、およそ見せ物と名のつくものはすべてというのですから、ちょっとイメージしにくいようです。これを具体的に整理したものが、乞胸の稼業とされた〝一二種の大道芸〟です。

一二種の大道芸

乞胸のやる大道芸は、一二種あったとされています。

仁太夫は下谷山崎町に住んでいましたが、その山崎町の名主藤七が、文政四年（一八二一）八月、町奉行に対し乞胸の稼業についての書きつけを提出しています。そこには、綾取・辻放下《つじほうか》・説教・物読・講釈・浄瑠璃・物まね・仕形能・江戸万歳《まんざい》・猿若・操《から》り・辻勧進の一二種があげられています。

「綾取」とは、竹の棒に房をつけ、これを投げ上げる曲芸です。「辻放下」は、玉を隠したり、手玉に取ったりする芸です。これらは、手品や曲芸に類した芸ということになるでしょうか。

語りの芸もあります。むかし話に節をつけ、語って聞かせると「説教」。古戦物語だと「物読」になります。「講釈」は、おなじ古戦物語でも「太平記」など演《だ》し物のきまっているものです。しかし、実際にはあまり区別はありません。これがやや謡に近づくと「浄瑠璃」、いわゆる義太夫節とか豊後節になります。これらは、講談や浪曲の元祖ともいえるものでしょうか。

「物まね」は、歌舞伎役者の口上《こうじょう》をまねたり、鳥やけものの鳴き声をまねるもので、桜井長一郎や江戸屋猫八・子猫の至芸を思いうかべてもらえばいいでしょう。松川鶴市の〝芸〟も、これと重なります。

おなじ物まねでも、能のまねを「仕形能」、三河万歳のまねを「江戸万歳」といい、ただの「物まね」と区別しています。むかし、砂川捨丸・中村春代のコンビで、舞を舞いながら「出た手足に目鼻を付ける」「漫才の骨董品で……」といった古典的漫才が人気でしたが、これなど「江戸万歳」のなごりといえるでしょうか。

また「猿若」は、ほおを赤く染めて演ずる芝居をいいます。「操り」は、よしず張りのなかで人形を操り、箱に目鏡をつけてそれを見るものです。

最後の「辻勧進」は、芸のできない者や子どもらが、ただ往来にすわって銭を乞うものをいいます。要するに〝芸〟ではありません。

この藤七の書きつけでは、乞胸の稼業がずいぶんくわしく説明されていますが、この一二種の稼業が、乞胸の〝きまり芸〟だったというわけではありません。

まず、非人の生業となっているはずの「物まね芸」が、ずいぶん入っています。歌舞伎役者の口上など、天才・松川鶴市の当たり芸です。非人の松川鶴市が乞胸頭仁太夫の変名であるといった伝承が生まれたり、非人と乞胸との稼業のうえのトラブルが

綾取。綾織（あやおり）とも（「人倫訓蒙図彙」）〔『日本古典全集』版〕

起こるのも、無理はありません。

そもそも、こうした大道芸は、ごく一般的に見られたものでもありました。『産毛』という元禄年間（一六八八〜一七〇四）の随筆には、京都・四条河原の涼みの風物として、

　色事薬売中村玄角、歯ぬきの喜三郎、市宇賀髭が伽羅の油、ふるければ藤の丸のかうやく、林清が歌念仏、肩を裾よとむすびたる能芝居、太平記読、謡の講釈、露の五郎兵衛が夜談義、大的小的楊弓の射場

など、さまざまな大道売りや見せ物、大道芸が紹介されています。

ここでも、能芝居・太平記読み・謡の講釈などが演じられており、これらが大道芸の一般的な演目であったことがわかります。乞胸の稼業一二種は、これらをアトランダムに書き出したものだったのでしょう。

それにしても、歌舞伎と関係するものが多いのも興味をひかれます。

〝猿まね〟にはじまる「猿若」

まず「猿若」ですが、この芸はもともと〝猿まね〟の芸に由来しているようですし、「猿若」は初期の歌舞伎の代名詞でもありました。

盛田嘉徳氏が名著『中世賤民と雑芸能の研究』(雄山閣出版)で紹介している『慶長見聞集』の「歌舞妓太夫下手の名をうる事の条」など、近世初頭の「猿若」の芸を類推するうえで貴重な史料です。

とりわけ猿若出て、いろいろさまざまの物まねするこそおかしけれ、はうさい念仏、猿廻し、酒に酔い在郷の百姓かたことといひていくぢなき風情、ありとあらゆる物まね、さてもよく似たる物かな。

要するに「ありとあらゆる物まね」が、当時の「猿若」の芸であって、単なる〝猿まね〟からは、かなり発展したかたちで演じられていることがうかがえます。〝酒に酔った百姓が、ロレツのまわらぬ舌で意気地のないようす〟など、りっぱな基礎的演技といえないでしょうか。

歌舞伎における〝猿まね〟芸

先日、NHK教育テレビで「歌舞伎祭」を見ました。ほとんど〝お遊び〟で、演《だ》し物は「白雪姫」。主役の白雪姫は（四代目）中村雀右衛門さんです。

雀右衛門さんは、かっての七代目大谷友右衛門で、映画にも出ていました。たしか佐々木小次郎が当たり役だったように思います。〝美剣士〟はこの人以外にないという感じの俳優さんでした。今年七七歳になられるのですが、まさに人間国宝、どんどん美しくなるという感じで、とくに〝お姫さま〟役がぴったり。一九九七年正月にNHK教育テレビで演《や》っていた「妹背山婦女庭訓」では、三輪の里の娘お三輪さん役で、可憐さと一途さとあわれさを見事に表現しておられます（と、つい尊敬語になってしまいます）。いやもう、すごい！　の一言です。

王子が松本幸四郎。これはまり過ぎでおもしろくない。市川団十郎がお妃に扮し、尾上菊五郎が鏡の精に扮します。この二人は意表をつくカップルで、最高でした。こうした豪華な配役で、全体が平安調に演出されています。

ごひいきの役者がわき役なのも、おもしろいがちょっぴり悔しいものです。片岡孝夫が熊、中村勘九郎がたぬき、小鳥たちに坂東玉三郎、澤村藤十郎、中村福助（九代目）。子どもたちの好きな役者さんばかり……。

団十郎のお妃が鏡に向かい、尾上菊五郎の鏡の精に語りかけるのですが、このコンビが絶妙で、団十郎が鏡を拭いたり、突然振り向いたりすると、それに合わせて菊五郎が鏡に映ったすがたを演ずる。テンポが少しずれたり、鏡なのに左右が逆転しなかったりで、そのズレが抱腹絶倒のおもしろさ。

〝猿まね〟のおもしろさはこれだと思いました。鏡に映る菊五郎は、まさに団十郎の〝猿まね〟をしているわけで、それがなんとも〝こっけい〟なのです。これを現代最高の役者二人が演ずるのですから、その〝こっけい〟さがさらに増幅されます。

〝猿まね〟から〝物まね〟へ

ただし近世初期の歌舞伎は、すでに〝猿まね〟から脱し、もちろん〝猿まね〟のこっけいさも残しながら、「ありとあらゆる物まね」へと発展しています。

江戸歌舞伎の元祖・初代中村勘三郎は、「猿若勘三郎」と呼ばれていました。斎藤《さいとう》月岑《げっしん》の『百戯述略』では「狂言座中村勘三郎を猿若と号し候も、右の族、物真似いたし候よりの諢名に有之」と説明しています。「猿若」が〝物まね〟の代名詞であったことは、江戸時代を通じて一貫していたようです。

ところが乞胸の「猿若」の場合は、〝ほおを赤く染めて演ずる芝居〟というものです。どういうなかみかはっきりしませんが、猿のかっこうでの演技ということになれば、こっけいな〝猿まね〟ということではないでしょうか。おそらく、もっとも原形に近い「猿若」の芸であったものと思われます。だとすれば、乞胸の「猿若」と歌舞伎の「猿若」とは、少しニュアンスがちがうことになります。

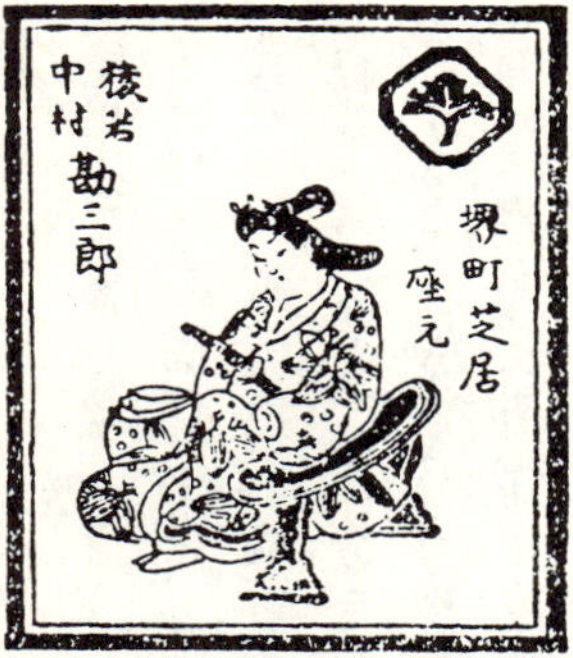

〔猿若・中村勘三郎〕（「歌舞伎年代記」）〔『日本古典全集』版〕

ただ広義の〝物まね〟となれば、乞胸の一二種の芸のうち、「物まね」は言うにおよばず、「仕形能」や「江戸万歳」も入ります。おそらく、こちらの方が「ありとあらゆる物まね」を演じた近世歌舞伎の「猿若」に近いようです。もちろん松川鶴市の「物まね」も、それを発展させたものだったのでしょう。

臨機応変の演し物で

なにせよ乞胸の生業は、細かく分類されているようですが、実際はそれほど厳密でもないのです。第一、厳密なものはおもしろくないのです。授業や講演などでも、分きざみで計画を立てたり、原稿をきっちり書いて読み上げたりすると、活き活きした内容になりません。あるていどおおまかな項目だけ立てて、あとは臨機応変に対応する方が、ダイナミックでおもしろいものです。要するに、アドリブがずいしょに入る余地を残しておかないといけません。

寛政一一年(一七九九)に仁太夫が町奉行に提出した書きつけには、以上の一二種をあげたあとで、

この一二種以外でも、寺社境内や空き地のよしず張り、水茶屋などで見せ物をし、木戸銭をとったり、見物人から銭を受けているものは、古くから乞胸の支配でございます。ただ、古くからやっている稼業でも、見慣れてしまったものは商売になりませんので、時々は演し物を変えて演じております。

と説明しています。「古くからやっている稼業でも、見慣れてしまったものは商売になりませんので、時々は演し物を変えて演じています」などの表現は、さすがに大道芸のコツをわかりやすく説明していて、さすがは乞胸頭、と感心させられます。これこそ〝大衆とともに創る〟演劇の基本姿勢ではないでしょうか。

大道芸の内容はさておき、大道芸で銭をとっておれば乞胸の稼業というわけですから、なにを演ずるかではなく、どのように演ずるかの方が銭に結びつくわけです。こちらの方が乞胸の稼業をイメージするうえで意味があります。そして、おそらくこれが、乞胸の演じた本当の稼業だったのでしょう。

3　香具師と乞胸

「香具師」とは？

ところが、ややこしい商売に「香具師」があります。これは、大道での呼び売り屋といったところで、もとは文字通り〝香具〟を売っていたらしいのですが、のちには主として薬を売るようになりました。その経過のくわしいことはわからないのですが、すでに享保年間（一七一六〜三六）には、薬だけでなくいろんなものを売っています。町奉行大岡越前守忠相《ただすけ》が、享保二〇年（一七三五）に香具師を召し出し、いろいろ問いただしています。以下は、その時の香具師たちの回答です。

(1) 居合抜き・曲まり・こま廻し、この三組を〝愛敬芸術売薬商人〟と申します。

(2) 覗き・軽業・見せ物、この三組は〝御香具所〟と看板を出し、薬歯磨きを売りますので、〝愛敬見せ物売薬商人〟と申します。

(3) 懐中掛香具、これは御屋敷へ出入りし、香具や匂い袋などを売る商人でございます。

(4) 諸国妙薬取り次ぎ薬、これは文金形の万金丹、越中富山の反魂丹《はんごんたん》、小田原の外郎《ういろう》、歯磨き楊枝を取り合わせて売る商人でございます。

(5) おおぜい引き連れ、江戸・京都・大坂、田舎などをまわって薬を売る商人で、これを〝諸国売薬ひろめ商人〟と申します。

(6) 辻療治売薬・膏薬売り、これは外科口中の療治や按摩の導きをしたりするために、〝辻医師〟と申します。

(7)　みかんや梨の砂糖漬けを売る商人です。なぜ砂糖漬けが香具の仲間か、とお尋ねになりましたが、みかんは風邪を発散し、梨は痰や咳の薬となりますので、香具仲間の売薬ですとお答えしました。

(8)　小間物を売る商人です。櫛・こうがい・きせる・煙草入れ・紅白粉がなぜ香具師仲間の売薬か、とお尋ねになりましたが、そもそも櫛・こうがいのはじまりはと申しますと、婦人は血が多く、頭痛やめまい・立ちくらみなどを発するため、亀の甲らを粉にして、髪の根元に少しずつ入れ置いたのが、だんだん櫛・こうがいにこしらえて用いるようになりましたので、売薬仲間へ加えたのでございます。紅白粉については、紅は口中の熱を取り、白粉は顔のにきびの薬ゆえ、香具仲間の売薬と申し上げました。

(9)　江戸で舛屋、京都で吉久、大坂で明珍と申して、鉄もの火口を売っているのを、なぜ香具仲間の売薬と言うのか、とお尋ねになりましたが、先年、越前国からよもぎ火口を売りにまいりまして、旅人たちが道中で脚気・そこ豆、その他の足痛で苦しんでいる時に、この火口を使ってお灸を据え、病苦を逃れましたので、香具仲間の売薬と申し上げました。

なんとも、この回答自身が、香具師の〝手八丁口八丁〟の口上なのですから、恐れ入ります。

(7)(8)(9)などは、屁理屈もビックリというところです。「愛敬芸術売薬商人」「愛敬見せ物売薬商人」「諸国売薬ひろめ商人」とは、よくも命名したものです。なお、この表現は、史料の原文のままです。しかも、あの町奉行大岡越前守にまでこれで通したのですから、ご立派としか言いようがありません。

「外郎売り」は香具師

(4)に〝小田原の外郎売り〟が登場します。

外郎とは、小田原の虎屋という薬屋で製造していた漢方薬で、正式名を「透頂香《とうちんこう》」と呼ぶそうです。これを歌舞伎の舞台に登場させたのが、二代目市川団十郎。彼は、一時セリフが言えなくなったのを小田原の外郎を飲んで全快し、その恩を舞台で返したといわれています。その森田座での初演が享保三年（一七一八）の正月といいますから、この大岡越前守とのやりとりと相前後しています。

ところで、その早口ことばと長セリフには、香具師の口上がそのまま生かされているように思われます。

拙者親方と申すは、御立合いのうちに、御存じのお方もござりましょうが、お江戸を立って二十里上方、相州小田原、一色町をお過ぎなされて、青物町を登りへお出でなさるれば、欄干橋虎屋藤右衛門、只今は剃髪いたして円斎と名乗りまする。元朝より大晦日まで、御手に入れまする此薬は、昔ちんの国の唐人ういろうという人、わが朝へ来り帝へ参内の折から、此薬を深く籠め置き、用ゆる時は一粒ずつ冠の透きまより取り出す。依て其名を帝より、〝透頂香〟と賜わる。則ち文字には頂き透く香いと書いて、とうちんこうと申す。

いつまで経っても終わりませんので、このへんでやめておきますが、そもそもの由来からはじまって、その効用のアピールへと続いていきます。で、こんなに効き目のある証拠、ということで、つぎに早口ことばがはじまるわけです。

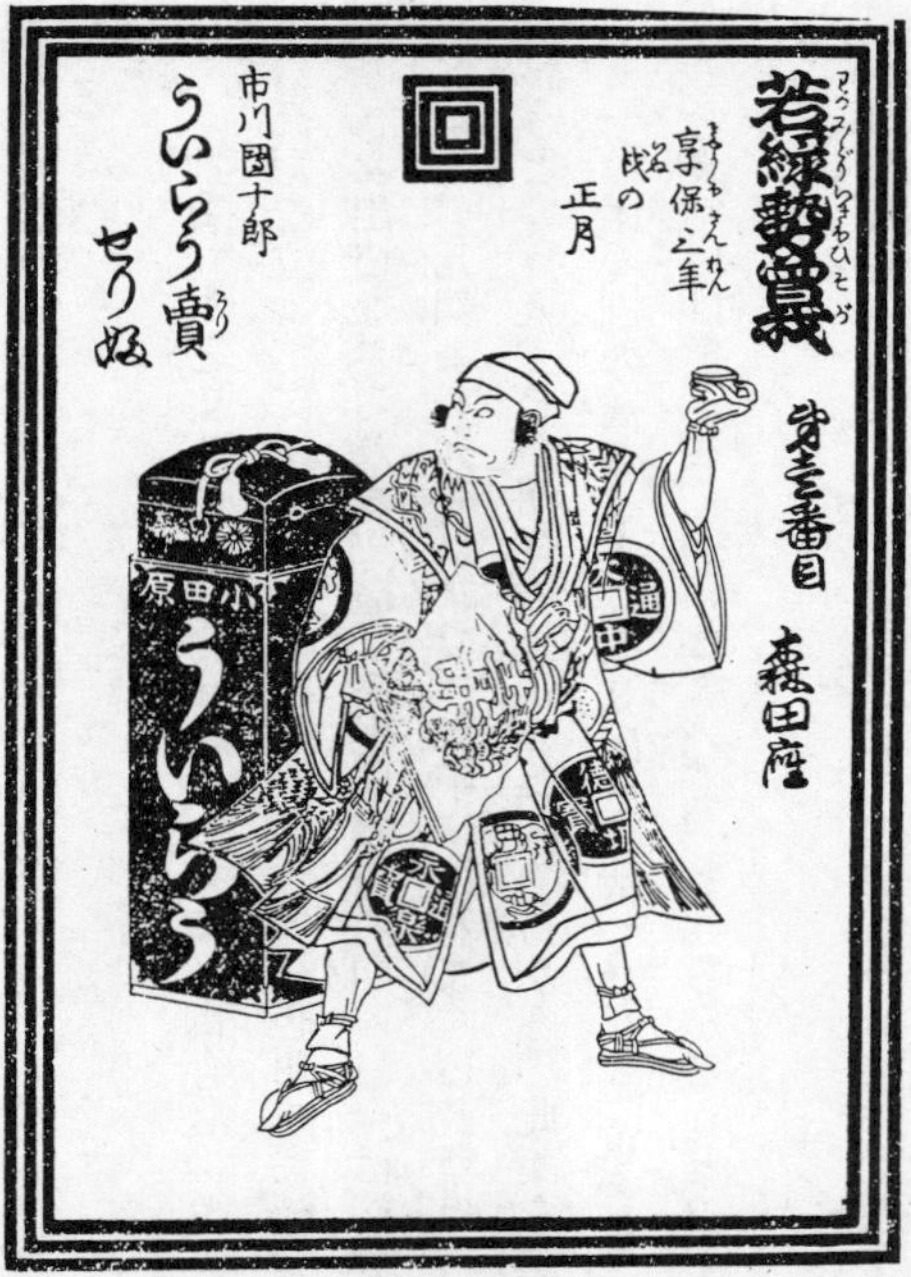

市川団十郎の「外郎売」(「歌舞伎年代記」)〔『日本古典全集』版〕

河原撫子野石竹、のら如来のら如来、三のら如来に六のら如来、一寸先のお小仏におけつまずきゃるな、細溝にどじょにょろり、京のなま鱈奈良なままな鰹。

これまたいつまで経っても終わりませんので、このへんでやめておきます。そして最後は、「外郎はいらっしゃりませぬか」で締めくくりとなります。

これこそ、香具師の口上を再構成し、舞台で再現したものでしょう。典型的な香具師の世界、いわば香具師の独壇場といえます。

「乞胸」と「香具師」の利権争い

ところが、(1)の居合抜き・曲まり・こま廻し、(2)の覗き・軽業・見せ物が問題です。これが、乞胸の稼業と抵触することになるからです。

そもそも香具師の場合は、大道で簡単な店を出し、口上や居合抜き・こま廻しなどの〝芸〟で人を集め、商品を売ります。口上や〝芸〟で人が集まってくるわけですが、そうこうするうち、口上や〝芸〟で銭をとっているのか商品で銭をとっているのか、

市川団十郎の「もぐさ売」（「歌舞伎年代記」）〔『日本古典全集』版〕

はっきりしなくなってきます。

乞胸と香具師のいさかいは、まず寛政年間（一七八九～一八〇一）に起こっています。つぎに紹介するのは寛政五年（一七九三）の仁太夫書き上げです。

近ごろ香具師たちが商売の愛嬌と称して、わたしたちとおなじ稼業をしています。これまた寺社の境内や空き地へ出て渡世を送っているわけで、寛政二年（一七九〇）一〇月にこれらの者とかけあい、こうした稼業は古くから乞胸の稼業だと申し聞かせましたが、一向に埒が明かないため、町奉行所へ訴えましたところ、寛政四年（一七九二）八月、これまでの通り、同様の稼業を営んでいる者は、乞胸頭の支配を受けるとの裁定がきまりました。

要するに、香具師が商品を売る時に、芸をおこなって人寄せをしている。その芸が、乞胸の芸とおなじだというわけです。この時の町奉行の裁定は、大道芸をおこなっている限り乞胸頭の支配であると確認して、一応の決着を見ました。いわば乞胸頭仁太夫側の全面勝利で終わっています。

ガマの膏売りは「香具師」か「乞胸」か？

おなじ問題が、天保年間（一八三一〜四四）にも起こりました。ところが今度は、どちらか一方の勝利という結論には達しませんでした。

天保一五年（一八四四）五月、町奉行・鳥居甲斐守忠耀《ただてる》は、寺社奉行の問い合わせに対しつぎのように答えています。

〝香具商い〟というのは古くからの言い方で、薬や歯磨きなど、要するに薬に属する品を往来で売る者をさします。もとより貧しい者どもで、はっきりした身分のきまりもありません。さらに現在では、こま廻しや居合抜きなどを、乞胸頭から鑑札も受けずにおこなっている者を〝香具師〟と呼んでいるようで、古くは人寄せのために芸をなし、見せ物に類したものを見せる者も多くあるように聞いていますが、見物人からは品代のほかは取っていないようです。すべて物まねなどをして銭を乞う者や、軽業や子ども手踊りなどを空き地・広場・寺社境内などでおこない、見物人から木戸銭をとっている者も、一般に〝香具見せ物〟と呼んでいるようですが、これらはいずれも乞胸頭より鑑札を受けて渡世しております。

要するに、人寄せのためにこま廻しや居合抜きをやり、薬や歯磨きを売っていても、品代以外にとらないのであれば、それは香具師であって、乞胸から鑑札を受けるにおよばないというわけで、寛政年間の結論に比べればどうも歯切れも悪く、言っていることがよくわかりません。鳥居甲斐守の回答は、どうも明確さにかけます。学問がジャマをするタイプなのでしょうか。

たとえばガマの膏《あぶら》売りは、居合抜きをやって見せて、腕を切ってそこにガマの膏を塗ります。結局はガマの膏を売るわけですが、居合抜きが単なる人寄せのためならば、もらう銭はガマの膏代ですから、彼は香具師となります。

しかし、ガマの膏が単なる付け足しで、居合抜きの芸に対する報酬ならば、乞胸の大道芸となって、乞胸の鑑札が必要になります。これが、鳥居甲斐守の論理で整理できるでしょうか——。ちょっとむつかしいように思います。

たとえば、乞胸と全くおなじ芸を演って、簡単なアメを配ったとしましょう。それで銭をとるとすれば、この銭は、芸に対する報酬なのでしょうか、それともアメに対する報酬なのでしょうか。

アメの場合は、まだ常識的な値段があります。薬や歯磨き粉などの〝商品〟は、値段がはっきりしません。したがって、芸で金をとったのか商品で金をとったのか、こういう場合は、判断がなかなかつかないものです。鳥居甲斐守の回答は、一般論としてはいいわけですが、こうした具体的な事例に対してはなんの役にも立ちません。

おなじ芸でも、芸そのもので銭をとるのか、品物を売るために芸をなすのか、微妙なちがいがあるわけで、見物人から得た銭が、商品に対するものなのか、芸に対するものなのかは、そうたやすく判断できるものではないのです。

実はここにこそ、底辺に生きる民衆の生きる知恵があるわけです。こうした民衆の知恵が、規制できないさまざまな大道芸を生み出してきたともいえます。

大道芸というのは、いくらでも抜け道があります。こうして、大道芸にかけては本家本元の「乞胸」ですら、「香具師」との出入りをうやむやのうちに済まさざるをえなくなります。

4　天保の改革と乞胸

天保の改革による規制

天保一二年（一八四一）に老中首座となった水野越前守忠邦は、享保・寛政の両改革につぐ政治改革に着手。民衆に対しては、ぜいたく禁止・風俗矯正などの政策を断行しました。

乞胸の組織は、鑑札の制度に見られるように、貧しい都市下層民には都合よくできていました。とくに都市へ流入してくる窮民たちにとって、最低限生きるための生活基盤ともなりうるものでした。しかし、それが天保の改革のやり玉にあがります。

乞胸は、天保の改革によってもっとも打撃を受けた、都市下層民の代表といえるかもしれません。

ぜいたく禁止令の影響

まず大前提となるぜいたく禁止令によって、歌舞・音曲などが禁止されたため、乞胸の活動も、おのずから沈滞を余儀なくされています。

つぎの『五月雨草紙』の記事は、天保一二年（一八四一）当時のぜいたく禁止令が、大道芸や歌舞・音曲に与えた影響を具体的に記しています。

　続いて女髪結といって片端を結わせる者を、非人のようにあつかい、市町の路地の入口に「入るべからず」の張り札を出し、非人女で三味線を弾いて歩く者には、下駄を履くことも禁止している。江戸中において浄瑠璃はじめ鳴り物・音曲など、全体に男女とも人の集まることを禁止し、軍書・講釈・落語の出る席が一九軒にきめられたりなど、なんともおかしい。

こんな調子で、歌舞伎・浄瑠璃はもちろん、大道芸にしても派手な出で立ちや鳴り物が禁止されます。さらに乞胸に対しては、これに加えてさまざまな規制が断行されていきます。

木賃宿の規制

まず、木賃宿が手入れを受けます。

乞胸の木賃宿は、天保一四年（一八四三）正月、町奉行所から「全くの乞胸稼業の者は泊めてもよいが、単なる物もらいについては泊めないように」という命令を受けました。

ただ、これまでの話からもおわかりいただけるように、〝全くの乞胸稼業の者〟と〝単なる物もらい〟を区別するのは、鑑札を持っているかどうかだけですから、鑑札を渡してしまえば終わりです。この規制もあまり効果はなかったでしょう。しかも、乞胸の木賃宿は、当時で九軒しかなかったわけですから、この点から見ても、それほどの影響はなかったにちがいありません。

鑑札の枚数を制限

しかし、天保一四年五月に鑑札の枚数が制限されますと、乞胸の組織は、おおきな打撃を受けることになります。

先に紹介したように、それより一年前の天保一三年（一八四二）六月、江戸市中には七四九人の乞胸がいました。つまり、七四九人の都市下層民に乞胸の鑑札を渡していたということです。しかもこの数字も、月々かなりの増減があるというわけで、ともかく乞胸の鑑札は、来る者は拒まず去る者は追わずで、ほとんど無原則に配られていました。

天保一四年（一八四三）五月、鳥居甲斐守忠耀・阿部遠江守正蔵の両町奉行は、連名で水野忠邦に伺い書を提出していますが、そのなかで乞胸の鑑札を制限するべき旨、了承を求めています。

この仁太夫より渡しております鑑札は、これまで枚数の定めがなく、現在発行している分でおよそ五〇〇枚ということですが、乞胸の員数に定めがないというのも不とりしまりですので、（中略）鑑札の枚数を五〇〇枚に限り、それ以上は発行しないよう仁太夫に命ずれば、不とりしまりなこともないように思います。

ここで具体的に示されている五〇〇枚という数字は、一応、当時発行されていた鑑札の枚数です。つまり、その前年六月に七四九人いた乞胸が、いっきょに五〇〇人に減ったということになります。

この激減について南和男さんは、天保一三年（一八四二）一一月の「無宿野非人旧里帰郷令」の影響をあげています（『幕末江戸社会の研究』吉川弘文館　一四七頁）。この法令は、「人返し令」の一環として出されたもので、市中の無宿・野非人を捕らえて故郷へ帰し、農業に専念させようとしたものです。

もっとも南さんは、この「無宿野非人旧里帰郷令」によって、つぎの年五月には約三〇〇人に激減したといっておられますが、これはあまりにも減りすぎです。ただ、七四九人から五〇〇人ていどに減ることはあったにちがいありません。

ともかくこれによって、乞胸の鑑札が五〇〇枚に制限されることになり、規制が一段と強まります。

居住地の制限

鑑札の制限と並行して、乞胸の居住地も一カ所にきめられます。

天保一三年（一八四二）六月の段階で、乞胸は、下谷山崎町に四七八人、深川海辺大工町に二三人、四谷天龍寺門前に一八人、それに江戸市中に散らばって二三〇人が住んでいました。

下谷山崎町に全体の六三・八％が住んでいるとはいえ、その他の地域に三六・二％が住み、しかも三〇・七％が市中に散らばっていて、町名すら記されていないわけですから、町奉行にすれば不とりしまりということになるでしょう。

しかし、員数も決められ居住地も決められてしまえば、柔軟な身分であった乞胸もその性格が変わることになり、身分としての固定化がより進むことになります。ことばを換えれば、長吏や抱非人とおなじような〝賤民〟としての固定化が、より具体的に図られているわけです。

こうした政策の推進役であった鳥居甲斐守は、天保一四年（一八四三）三月、水野越前守にあてて、つぎのように記しています。

乞胸の身分は、エタ・非人とはちがうということですが、もとより農民・商人以外の者で、いたって賤業の者でございます。したがって市中に住居を許すよう者ではございませんので、浅草龍光寺門前の根津門前上がりなどの内へひとまとめに居住させれば、とりしまりもよろしいと考えますが、いかがでしょうか。

結局、この方針が了承を得、同年六月、町奉行の命により乞胸の住居が浅草龍光寺門前へ移されることになります。

規制の効果は？

ところが、浅草龍光寺門前へ移った乞胸はどうやら全員ではなかったようで、せいぜい三〇〇人ていどだといわれています。つまり、二〇〇人ほどがまだ江戸市中に残っていたわけで、これについては、あまり規制の効果はあがらなかったようです。ただ、鑑札の枚数（五〇〇枚）は、表面上きびしく守られています。たとえば明治二年（一八六九）八月一八日、一三代目弾左衛門が東京府へ提出した「市中物もらい罷りある者」の人数書によれば、「乞胸頭仁太夫方より罷り出候者」が〝五〇〇人〟

と記されています。

ただし〝乞胸の予備軍〟――もっと正確にいうならば〝乞胸と同様の生業をしなければ生きてはいけない都市下層民〟は、不断に生み出されてきます。鑑札の枚数が制限されたからといって、彼ら都市下層民がいなくなるわけではありません。

〝乞胸予備軍〟の活動

嘉永元年（一八四八）三月、乞胸頭の仁太夫から町奉行へ、鑑札を持たずに乞胸の生業をしている者がいるとの訴えが起こされました。

訴状のなかみは、千駄ヶ谷町家主の辰五郎以下二四人の者が、鑑札を持たずに乞胸の渡世をしており、仁太夫側では、乞胸の渡世は鑑札が必要だと説明したが、どうしても鑑札を受けとらない。それで訴えにおよんだというものでした。

二四人の実態を整理してみると、いろんなことがわかります（『弾左衛門関係史料集』第一巻　五二〇～五二七頁より）。

まず芸人の居住地は、両国米沢町が六人でもっとも多く、あとはバラバラですが、それでも神田と両国橋の西側に集中し、ここに一六人が居住しています。本所に一人

演じた場所	人数
両国広小路	一二人
千駄ヶ谷	三人
神田	二人
その他	七人

大道芸の種類	人数
講釈	八人
浄瑠璃	四人
踊り狂言	三人
豊年踊り	二人
踊り	二人
カラクリ眼鏡	一人
中山踊り	一人
刀持ち見せ物	一人
昔噺	一人
昔噺・浄瑠璃	一人

いますが、これも両国橋のすぐ東です。ともに見せ物小屋はじめ、人のにぎわいで知られた場所ですが、彼らが大道芸をおこなった場所もほぼ連動しています。人のにぎわいと身近な生業、大道芸の必要条件は、まずそんなところでしょうか。千駄ヶ谷・牛込築地片町・飯田町・芝三田など、ずいぶん遠方に住んでいる者もいますが、これも子細に見れば、千駄ヶ谷は千駄ヶ谷八幡社地、飯田町は飯田町世継稲荷、芝三田は三田春日神社といった、居住地近くの神社で大道芸をおこなって訴えられたものです。

参考までに、大道芸をおこなった場所を整理してみると、やはり両国広小路がもっとも多く、神田・千駄ヶ谷がそれに次いでいます。居住地とほぼ連動していることが、ここからも確認できます。千駄ヶ谷の場合は、ここの千駄ヶ谷八幡社で三人のグループが踊り狂言をおこなったものです。

最後に大道芸の種類ですが、講釈・浄瑠璃が全体の半分を占めています。おそらくこの二つが、当時人気の演《だ》し物だったのでしょう。どちらも、けっして簡単な芸能ではありません。おそらく〝やり易さ〟より〝人気〟を優先したものと考えられます。

庶民教育の場になった見せ物

また、ここではカラクリ眼鏡は一人しかいませんが、当時、見せ物のなかにはこうした科学的な興味をもって見物人を引きつけるものがけっこう多く、こうした見せ物が、庶民教育の場にもなっていたことがわかります。

話は横道にそれますが、『見世物雑志』（『新燕石十種』第五巻）には、こうした見せ物がたくさん網羅されていますので、一部を紹介しておきましょう。

文政元年（一八一八）六月　広小路にてビイドロ細工、オランダ人が見せる。
文政二年（一八一九）四月　大須にてアシカ見せ物に来る。
文政三年（一八二〇）五月　広小路夜店にてビイドロ細工で妙喜山・日光山の風景を見せる。見事なる物で、水カラクリは滝を落とす。
文政五年（一八二二）五月　柳薬師開帳にて鯨を見せ物にする。
文政一〇年（一八二七）八月　大須山門外にてオランダ渡りの覗き目鏡を見せる。
同年　一一月　栄国寺高塀際にていろいろ異形の魚の頭の骨を見せる。
文政一二年（一八二九）九月　大須山門外にてゼンマイ仕かけ機織り興行。

現在言うところの理科教育の教材ともいえる見せ物が、ずいぶん多いように思います。科学への興味・関心は、意外にこうした見せ物小屋で醸成されていたのかもしれません。

閑話休題。

町奉行所での裁定

仁太夫から訴えられた二四人に対しては、町奉行所での裁きがなされています。この時の町奉行は、遠山左衛門尉《さえもんのじよう》景元と鍋嶋内匠頭《たくみのかみ》直孝の両人でしたが、一応、仁太夫の言い分を通してはいるものの、内容はアイマイなものでした。乞胸の稼業をおこなう場合は鑑札が必要だが、実際に鑑札を受けるか稼業をやめるかは、双方示談のうえ決定するようにというものですから、なんとも歯切れの悪い裁定です。

この事件は、町人のなかにも乞胸の鑑札を断固拒否する考えがあったことを示しており、それが組織に対する嫌悪感なのか、乞胸に対する卑賤観が作用しているのか、なんともいえませんが、少なくとも鑑札さえ手に入れば、という窮民が存在する一方で、鑑札を拒否する町人もいたことが確認できる事件ではありました。

元「願人」が「乞胸」に

きびしい生活を背負っている窮民にとっては、こうした鑑札の拒否は、ある意味でぜいたくともいえます。

弘化四年（一八四七）七月、「住吉踊り」を踊ったとして、「乞胸」がとりしらべを受けました。実は、彼らはもともとの「乞胸」ではなく、かつては「願人」だった人びとです。

しかしこの時には、「乞胸」の鑑札を持っていたことが幸いし、結局、彼らは処分を免れました。この事件については、つぎの章でくわしく紹介したいと思います。

第３章　願人の大道芸

1　願人坊主の起源は？

舞踊「うかれ坊主」

一九九七年の正月、ＮＨＫ教育テレビで歌舞伎の新春初舞台を見ました。中村勘九郎主演の「人情噺文七元結」をメインに、中村富十郎の「羽根の禿《かむろ》」「うかれ坊主」など、小品が加わった演《だ》し物です。

富十郎さんはさすがです。この人は、どちらかと言えば小太りな方ですが、しかしとにかくうまい。「勧進帳」の弁慶も演《や》るし、「梶原平三誉石切」などでは、梶原平三を演ったかと思えば、かつては娘役の梢を演ったこともあるといいます。わたしたちは、南座で中村福助（九代目）の梢を見たばかりでしたから、ちょっと信じられません。もっとも以前はやせていたのかもしれませんが……。しかし、演技力があればスタイルなんて関係ないという、いい見本です。

別の機会に、テレビで富十郎と勘九郎の「三番叟《さんばそう》」を見ました。すがたかたちは圧倒的に勘九郎の方がいい。なのに、つい富十郎の方を見てしまう。勘九郎だってすごい役者です。勘九郎の「鏡獅子」など、もう芸術の域に達しています。六代目菊五郎の「鏡獅子」にはまだまだおよばない、なんて言う人もいるらしいですが、わたしは勘九郎で十分。ともかく、現代では最高の「鏡獅子」だと思っています。しかし、その勘九郎ですらかすんでしまうほど、富十郎はうまいわけです。

ところで、その富十郎が演った「うかれ坊主」は、願人坊主の源八がたった一人で踊る舞踊なのですが、ここに、願人坊主の芸がそのまま活かされています。

裸に薄い衣を羽織っただけの出で立ちで登場し、水をかぶって門口に立ち、お清めいたしましょうと、銭を受けとる。ところが、たった一文しかくれない。わしも落ちぶれたものだ、と愚痴を言いつつ、大道に立つようすで、まわりの群衆に自らの生い立ちを語りかける。あとは「チョボクレ」あり、いろいろ混ぜた「交ぜこぜ節」ありで、大道芸のあれこれをそのままに踊りまくる。

この舞踊は、文化八年（一八一一）三月、三代目坂東三津五郎が江戸の市村座で初演した「七枚続花の姿絵」のひとつです。当時、〝変化物《へんげもの》〟と呼ばれる舞踊がはやっていたようで、「七枚続花の姿絵」の場合は、おなじ役者が、女三の宮・源太・汐汲・猿廻し・願人坊主・老女・関羽と七変化する舞踊です。

「うかれ坊主」に挿入されている「交ぜこぜ節」は、六代目尾上菊五郎が一九二九年（昭和四）六月の歌舞伎座公演で加えたもので、後世の脚色ですが、もとのかたちは、文化年間における願人坊主の姿を、そのまま舞台で再現したものです。

舞踊「まかしょ」

これより少しのちの文政三年（一八二〇）に、おなじく七変化もので「寒行雪姿見」という演し物が作られています。そのなかに「まかしょ」と題する舞踊が入っています。

「まかしょ」とは、「撒きましょう」「撒きなさい」ぐらいの意味です。願人坊主は、歩きながら判じ物の札を撒き、門口に立って銭をもらうのが本来の生業です。そのうしろを、子どもが「まかしょ」「まかしょ」と叫びながらついてまわる。結局、これが「願人坊主」の代名詞となったわけで、それを舞踊にしたのが「まかしょ」です。

文化年間の江戸風俗を描いた随筆『続飛鳥川』は、

「御行したてまつる」と言って、白木綿のひとえ物を着、おなじ（白い）布で頭を包み、寒の三〇日に鈴を振って歩く。子どもを集め、「まかしょ」「まかしょ」といって、小さな絵の札を撒く。銭を渡すと、それよりよい絵を一枚一文に換えて出す。

と、「まかしょ」のようすを写生しています。

判じ物を撒く願人坊主は、白木綿の衣に、白木綿の手甲《てっこう》脚半、白い布で頭をおおう、という全身白ずくめの出で立ちだったようで、舞踊の「まかしょ」も、白羽二重の着物に白の手甲脚半、白の頭巾で、白ずくめで演ずるのが特徴とされています。

これも、文化・文政期の江戸風俗を映し出したものと考えられます。

「願人」の語源は？

願人坊主は、単に「願人」と書く場合もあります。随筆や小説などの文芸書では「願人坊主」、幕府の法令などでは「願人」と書くことが多いようです。

おそらく正式の呼称は「願人」で、「願人坊主」が俗称ということでしょう。

以下、場合によって「願人坊主」も使いますが、できるだけ「願人」の呼称で統一したいと思います。なお、「ねがいにん」と読まないようにお願いいたします。これで「がんにん」と読みます。

願人は、江戸時代の江戸市中で活躍した大道芸人です。しかし、それにしても「願人」とは変わった呼び名です。どうして、こんな呼び名がついたのでしょう。

これについては、つぎのような話が伝えられています。

大坂夏の陣の時といいますから、元和元年（一六一五）のことです。この時、徳川家康の道案内をしたのが、滝の坊という僧侶。彼は、その功労により賞状を拝受しました。

それから約一〇年、寛永二、三年（一六二五、二六年）ごろ、滝の坊は江戸へ出て、江戸に末寺を創建したい旨願い出ました。夏の陣のおりの功労があるので、創建もたやすいと考えたのでしょうが、しかし、返事は追って沙汰するというもので、やむなく滝の坊は帰国しました。

ところが、返事はいつまで待っても来ません。滝の坊は、結論を聞くことなく死んでしまいました。その遺言を受けたつぎの従僧が、寛永の末ごろ（一六四〇年前後）、江戸へ出て、ふたたび嘆願におよびました。

江戸に逗留すること五年。それでも沙汰はありません。元号は正保（一六四五〜四八）と変わり、やむなく東叡山寛永寺に嘆願して、その配下となりました。その後は、橋本町正安寺の空き地に居住し、日々托鉢をしながら祈願成就を願ったといいます。

これは、江戸の町人学者として知られる斎藤月岑が、橋本町名主から聞いた話として伝えたもので、『百戯述略』という文書になって残されています。

要するに、〝祈願成就を願う〟から「願人」というわけです。

なるほど、「願人」の語源としてはよくわかります。しかし、これでは、他の托鉢僧とどうちがうのかがはっきりしません。

幕府の法令に「願人」が登場するのは、寛文二年（一六六二）九月一八日の触書が最初です。そこには「出家・山伏・行人・願人、町屋ニ宿借候ハヽ」とあります。願人は、出家・山伏・行人とも区別されているようです。願人には、どのような特徴があるのでしょうか。斎藤月岑の聞いた話では、そのちがいがはっきりしないのです。

〝お札配り〟の差配？

文政一〇年（一八二七）九月、芝新網町に住む願人触頭の宝泉坊が、その由緒について書類を提出しています。それは、つぎのような内容でした。

わたしの先祖は、慶長・元和（一五九六～一六二四）のころ、渡辺無一坊宗古という者で、あちらこちらの寺院に加勢し、その警護をつとめておりました。たびたび軍門に列せられ、戦功をあげた荒行法師でございます。元和のころ、山城の鞍馬山に加勢しておりました時、ちょうど大坂の陣に直面し、鞍馬山の妙法坊が、東照宮様の勝利を願って、ご開運のお札をご陣中へさしあげましたが、その時、宗古も同伴しております。

寛永（一六二四～四四）のころ江戸表へまいりましたが、江戸のご繁栄にともない、諸国からまいりました寺院の僧侶たちが江戸に逗留し、祈願のお札を配っ

さまざまな宗教者（「人倫訓蒙図彙」）〔『日本古典全集』版〕

たりしておりましたが、宗古は、その肝煎をつとめております。

宗古は、とくにきまった宗派には属しておりませんでしたが、死後、寛文年間（一六六一～七三）になって、（その子孫は）当時の寺社奉行小笠原山城守（長頼）さまの命により、鞍馬大蔵院の判下となりました。

この時、大蔵院が江戸表の地主保証人を望まれましたので、馬喰町の大坂屋又右衛門を保証人に立て、ようやく大蔵院判下となったのです。この時はじめて〝天台宗鞍馬願人〟という名目になりました。

宝泉坊の話は、名称の由来としてはわかりにくいですが、近世初頭、江戸へ布教に来た各宗派の〝お札配り〟を差配していたという内容ですから、その後の願人の生業を考えると、こちらの方が信頼できるようにも思います。

おそらく、この基本的な〝お札配り〟の権益を核として、いろんな人びとが集まり、集団としておおきくなっていった。これが願人の起源ということなのでしょう。

2 願人とはどんな身分か？

願人は〝僧侶〟？

宝泉坊の話は、自分の由緒を誇示するために、ことさら強調されているらしい箇所もありますが（これについては、あとでくわしく紹介します）、単なる言い伝えを列挙しただけでもなさそうです。

願人が、寛文年間以降、鞍馬大蔵院に属していたのは事実です。その後、延宝二年（一六七四）、鞍馬勝泉院にも属しますが、こちらの方は、元禄三年（一六九〇）に円光院の支配に替わります。これ以後、願人は、鞍馬大蔵院末と鞍馬円光院末の二系統に属するということになります。

宝暦九年（一七五九）三月七日、鞍馬大蔵院と鞍馬円光院の役僧が、願人の支配についての書類を提出しています。提出先は書かれていませんが、内容から考えて、寺社奉行の問い合わせに対する回答のようです。

この書類の末尾で、一〇人の〝僧侶〟が署名しています。

岩本坊・東之坊・南之坊、この三人は鞍馬円光院末で、芝新網町に住んでいます。最初に名前が出てきますので、組頭という地位にある〝僧侶〟でしょう。

つぎの宗山は、大蔵院末で組頭見習です。彼も芝新網町に住んでいます。

つぎの浄円も芝新網町に住んでいます。大蔵院末で組頭見習と思われますが、はっきりとは書かれていません。

松中坊・北之坊・西之坊の三人は神田に住んでおり、円光院末です。彼らも組頭見習と思われますが、これもはっきりしません。

最後に、惣触頭として一明坊・玉輪坊の名があります。一明坊は橋本町に、玉輪坊は古川町に住んでいます。

名前だけ見るとたしかに僧侶ですが、東之坊・南之坊・北之坊・西之坊など、いかにもとってつけたような名前です。願人の組織は、惣触頭↓組頭↓組頭見習↓目付↓組年寄↓組役↓組役見習↓平年寄↓平願人、という序列でなりたっていますから、この一〇人は願人組織の幹部クラスということになるでしょう。その幹部ですら、本当の〝僧侶〟かどうかあやしいわけです。

「願人坊主」ですから、一応かっこうは僧体で、組頭から組役見習までは〝袈裟衣〟、平年寄は〝金入袈裟〟、平願人は〝ねずみ地の袈裟〟を着用することになっています。しかし、これはあくまで表向きのきまりで、フンドシ一丁の裸で〝ねずみ地の袈裟〟を着ていても、立派に「平願人」となるわけです。

「願人」の身分は？

では、願人の身分はどうなっているのでしょうか。実は、これがかなりややこしいのです。ややこしさから言えば、「乞胸」以上かもしれません。

江戸時代には人別帳という戸籍簿があり、それがどこへ提出されるかによって、身分の位置がきまります。

願人の人別帳は、まず願人触頭に提出され、そこから寺社奉行へさしだされることになっています。この点に注目すれば、願人は明らかに〝僧侶〟です。

ところが、願人の住んでいる町は、下谷山崎町とか橋本町といった江戸市中ですから、実生活では町奉行との関係の方が深いわけです。となり近所の住人は、すべて町奉行支配ですから、もめごとや連絡ごとなどは、どうしても町奉行所に頼ることになる。そこで願人は、町方の人別帳にも加えられています。

つまり願人は、寺社奉行と町奉行の、いわば二重支配を受けています。たとえば嘆願書などは、寺社奉行へ提出する。この場合には、願人触頭の添え文を持っていきます。しかし、町奉行所へ参上することも多いわけで、この時には町役人が付き添います。

要するに、直接的には寺社奉行に属しているが、間接的には町奉行にも属しています。寺社奉行と町奉行の両方に属しているが、重心は、明らかに寺社奉行の方にかかっています。

こうした身分の複雑さは、考えようによっては江戸時代の〝被差別民衆〟の特徴といえるかもしれません。「乞胸」もそうですし、〝被差別民衆〟の代表ともいえる「非人」もそうです。少なくとも「願人」だけの特徴とはいえません。

3　江戸時代はじめの願人

「願人」の史料的初見

ところで願人は、江戸時代の中期以降、しだいにおおきな存在となり、歌舞伎だけでなく、随筆や文芸などでも盛んに登場するようになってきます。

しかし、江戸時代のはじめは、それほど注目される存在ではありませんでした。放浪の托鉢僧たちを規制した触書などでは、「出家・山伏・行人・願人」の順番で並べて記載されることが多く、とりわけ願人は、最後尾にあげられていることが多いのです。この順序は江戸時代を通じてほぼ踏襲されますが、この記載が最初に登場する寛文年間（一六六一～七三）の状況が、表記に反映されているように思います。

はじめて幕府法にエタ・非人の両者が登場した明暦三年（一六五七）の「盗賊人穿鑿条々」では、「出家、山伏幷行人、虚無僧《こむそう》、鐘た、き、穢多、乞食、非人」とあって、「願人」は記されていません。

「願人」がはじめて史料に登場するのは、さきに紹介した寛文二年（一六六二）九月一八日の触書です。

> 出家・山伏・行人・願人、町家で宿を借りる場合には、本寺より弟子にまちがいない旨の証文をとり、そのうえに請け人を立て、裏店にさし置きなさい。本寺のない者には、絶対に宿を貸してはいけない。

はちたたきと念仏申（「人倫訓蒙図彙」）〔『日本古典全集』版〕

という内容です。

つまり、町家から宿を借りる場合の条件が記されており、所属寺院の弟子である証明書、それに請け人（保証人）が必要。しかし表店ではダメで、これでようやく、裏店に宿をとることができるというわけです。

所属寺院がない場合には、宿を貸してはいけないというわけですから、寺院に属していない〝もぐり〟の僧侶が、ずいしょに出現していたようすがうかがえます。幕府からすれば、放浪の宗教者が、権力による宗教政策のワクを超えて、各地で布教することを規制しようとしたものでもあります。

一二万体の仏像を彫ったといわれる円空も、元禄二年（一六八九）に亡くなるまで、関東各地を放浪した「ひじり」僧ですが、こうした名僧も、この時期の宗教政策によってさまざまな弾圧を受けたのです。

おそらく、このころの願人も、まだまだ〝僧侶〟としての実態を持っていたものと思われます。

宗教活動からの〝逸脱〟

寛文五年（一六六五）一〇月一四日の触書では、おなじく「出家・山伏・行人・願人」が、仏壇を構えることを禁止しています。これは、仏壇の設置から発展して寺院の建立に結びつく可能性を、未然につぶそうとしたもののようです。

ところが、一一月四日の触書では、

出家・山伏・行人・願人が仏壇を構えることは無用であると、この前にも触れた通りだが、けっして違反のないよう。ただし、山伏・行人・願人に対し、信者から祈念の願いがあった場合は、その時だけは絵像を〔壁に〕かけて祈念をしてもよろしい。祈念が終われば、絵像は無用である。

として、絵像については、祈念の時のみかけることを許しています。

裏を返せば、絵像の使用が許可されたに等しく、絵像を配付したあとで銭を集めるという「願人」の生業に、道が開かれたことにもなります。

この触書は、「願人」にとっておおきな転機となったように思われます。つまり、さまざまな放浪の宗教者のなかで、絵像の配付で銭をとるという、やや宗教活動から〝逸脱〟していった人びとが、「願人」として再編成され、多くの都市下層民を包みこんで、組織としておおきくなっていったという可能性を示唆しているからです。

こうして、上層部は〝僧侶〟でありながら、大多数は都市下層民という、「願人」の実態が生まれ、寺社奉行支配に属しながら、町奉行とも関連を持つという、身分の複雑さも生ずることになったものと思われます。

4 願人の組織について

「願人触頭」について

ここで少し、願人の組織について整理しておきましょう。

さきほど、願人の組織は、惣触頭→組頭→組頭見習→目付→組年寄→組役→組役見習→平年寄→平願人、という序列でなりたっているという話をしました。

トップに位置する「惣触頭」は、単に「触頭」と書かれる場合が多いのですが、これが願人組織の〝頭〟になります。鞍馬大蔵院末触頭と鞍馬円光院判下触頭の両者が、連名で記した史料もあり、二つの系統から、一人ずつ任命されたもののようです。

この触頭がはじめて任命されたのは元禄年間（一六八八〜一七〇四）で、年功を積み実績のある願人が、本山から触頭役を命じられるということで、この慣習が、その後定着します。

以下、『弾左衛門関係史料集』（解放出版社）から、わかる範囲で願人触頭の名前と居住地を抜き出してみましょう。もっとも多少の言い伝えも含まれているようですので、その点、注意する必要があります。

元禄年中（一六八八〜一七〇四）念正坊（橋本町）
?.享保一四年（一七二九）当時　宝泉坊・西月坊（鞍馬円光院）、一入坊（大蔵院）
宝暦九年（一七五九）当時　一明坊（橋本町）、玉輪坊（古川町）
天明五年（一七八五）当時　一明坊（橋本町）
寛政年中（一七八九〜一八〇一）山本坊（下谷山崎町）
文政九年（一八二六）当時　玉泉坊・高林坊（江川町〈橋本町〉）
文政一〇年（一八二七）当時　宝泉坊（芝新網町・鞍馬円光院）

天保一四年（一八四三）当時　谷之坊（橋本町・鞍馬円光院）

享保一四年（一七二九）のところに〔?〕をつけたのは、「宝泉坊」の名が気になるからです。これは、文政一〇年（一八二七）当時の触頭であった「宝泉坊」が、自分の由緒を記した史料に添付しているもので、ことさら自分の由緒を誇示するために、享保一四年の史料に自分の名を書き加えた可能性があるからです。

この通りだとすれば、享保一四年には触頭が三人もいたことになってしまいますし、「宝泉坊」の提出した史料に、おなじ「宝泉坊」の名があるのもおかしい。文政一〇年の「宝泉坊」は、「ただいま宝泉坊家筋にて代々触頭役相勤めまかりあり候」と主張しています。〝ウチは先祖代々の触頭の家系だ〟と言っているわけですから、ますますあやしくなります。

実際、「宝泉坊」の家筋が触頭役をつとめるなどということはなく、触頭は、つぎつぎに別の人物が任命されていますし、その居住地もバラバラです。やはり、年功と実績をもとに任命されたということなのでしょう。

願人の居住地と組頭

願人の居住地として、もっとも古いのは神田橋本町です。

この地は、明暦三年（一六五七）正月の「明暦の大火」までは寺院が多かったのですが、大火ののち、寺院が深川へ移転した跡地につくられたのがこの橋本町です。願人の由緒や寺社奉行との関係を考えれば、納得のいく地域ではあります。

最初に任命された触頭が橋本町の念正坊で、その後も、宝暦・天明期の一明坊、文政期の玉泉坊・高林坊と、橋本町に居住する願人が触頭に任命されていますから、橋本町は、願人組織のなかでは最有力地域ということになるでしょう。

つぎに有力地域としてあげられるのは芝新網町です。ここからは、文政一〇年（一八二七）に宝泉坊が触頭となっています。ただし、『芝町方書上』に添付されている由緒書を見ても、願人が芝新網町に住むにいたった経過はよくわかりません。

ついで、下谷山崎町が願人の居住地として知られていますが、ここにはかなりくわしい由緒書が残されています（『下谷町方書上』三）。それによりますと、享保二年（一七一七）に長蔵という者が下谷山崎町にまず居住し、続いて願人が住むようになったといいます。

そして、寛政年間(一七八九~一八〇一)には、下谷山崎町からも触頭が任命されました。これが山本坊ですが、彼は文化七年(一八一〇)一二月に病死し、文政九年(一八二六)当時は、その息子の浄達と正山の両人が「組頭役」をつとめ、下谷辺をとりしまっていたようです。

この由緒書から、願人の「組頭」は、それぞれの地域の有力者で、その地域周辺をとりしまっていることもわかります。いわば、町役人のトップに当たる人物といえるでしょうか。

願人のあとの役職(組頭見習・目付・組年寄・組役・組役見習・平年寄・平願人)については くわしい史料がなく、当時の町組織や大道芸の活動などから類推するしかないのですが、おそらく「組頭見習」「目付」までが、それぞれの町会所の役人に当たり、「組年寄」以下が、生業を営む場合の活動グループだったのでしょう。

ただし、実際にこうした細かい役職が体系的につくられ、しかも機能していたかどうかは疑問です。願人の生業は、大人数でおこなう場合も、単独でおこなう場合もあって、臨機応変に対処していたというのが正しいようです。

そもそも、〝願人組織はいい加減〟とする見方が、寺社奉行や町奉行の一般的な評価でもあったわけで、それに対抗する意味もあって、書類上は、ことさら細かい組織があるかのように、あえて記した形跡が濃厚です。

「願人」の鑑札

享保八年（一七二三）六月、おそらく寺社奉行が出したと思われる触書が残されています。

一、願人頭による支配下への申しつけが、すべてにおいて疎略であるように聞いている。以後、とりわけ入念に命ずるようにしなさい。

一、願人については、あちこちで不埒なことがあり、また無宿などが願人にまぎれているとも聞いている。今後、願人頭より支配下の願人へ札を渡し、まちがいのないよう、申しつけなさい。

享保八年の段階ですから、すでに「願人頭」は任命されています（ただし「触頭」ではなく、「願人頭」と表現されています）。ただ、命令系統がどうも不徹底だったらしく、その点が指摘されています。鑑札もありませんし、組織といえるシロモノでもなく、〝ゆるやかな集団〟といったていどのものだったのでしょう。無宿者が願人の集団に入りこんでいると指摘されていますが、それも当然のことでしょう。

一応、この触書によって、鑑札のようなものを渡すことが命ぜられたわけですが、これでもまだまだ不徹底だったようで、天明五年（一七八五）六月、つぎのような問題が起こっています。

非人の妻子と願人の妻子

六月九日、寺社奉行松平伯耆守《ほうきのかみ》資承《すけつぐ》から町奉行曲《まがり》淵《ぶち》甲斐守景漸《かげつぐ》へ達しが届けられました。

鞍馬大蔵院末の願人触頭一明坊配下の願人について、夫が病気や厄介者で生活に困っている妻や子どもが、十数年にわたって〝勧進〟で生計を立てている。非人頭車善七から、これが非人の女子にまぎらわしいと訴えてきたのだが、〝勧進〟を禁止すると、おおぜいの者が生活に困る。これまで通り女子の〝勧進〟が出せるようにしたいのだが、以後は一明坊からの職札を（女子にも）持たせて、非人の女子とまぎれないようにしたいと思うが、どうか。

願人は一応〝僧体〟です。男なら髪を剃っているか、せいぜいイガグリ頭です（舞踊の「うかれ坊主」はイガグリ頭で登場します）。ところが願人の妻子は、当然ながら髪を剃っていません。非人も、おなじように〝勧進〟で生活しています。非人の妻子と願人の妻子とは、すがたかたちでも区別できないし、仕事でも区別できないというわけです。

そこで、願人の妻子にも触頭の一明坊から職札（鑑札）を渡したらどうか、というのが寺社奉行の提案なのです。

ただこれも、結果がはっきりしません。ただ、文政一〇年（一八二七）に提出された宝泉坊の書きつけには、「触下鑑札之儀は、組頭見習より平願人まで銘々に相渡し申し置き候」と書かれていますから、文政のころには、かなりきっちりした鑑札の制度ができあがっていたのでしょう。もっとも宝泉坊は、かなりハッタリの強い触頭のようですから、少し割り引いて考える必要があるかもしれませんが……。

しかし、こうした鑑札の制度がキッチリすればするほど、鑑札を持って〝僧体〟になり、〝勧進のための芸〟をなせば、願人として認められることになるわけです。結局、この鑑札のおかげで、すがたかたちは〝僧侶〟だが、実際は〝都市窮民〟の〝世を忍ぶ仮のすがた〟という二面性が、制度的にも認められることになります。

都市下層民の生業として

天保一三年（一八四二）一〇月二六日、町奉行遠山左衛門尉・鳥居甲斐守の両名が、老中水野越前守忠邦へ人別改めに関する書きつけを提出しました。このなかでは願人についても記されていますので、その部分を紹介します。

願ン人と称するもの、橋本町・芝新網町・下谷山崎町・四谷天龍寺門前に住居いたし、判じ物の札を配ったり、群れをなして、歌を歌ったり町々を踊り歩いている。または、ハダカで町家や店先に立ち、銭を乞うたりしている。

そのすがたは僧形には似合わず、不作法をきわめたかっこうで、いずれも壮健・屈強の者でありながら、怠惰・放蕩によって財産を失い、渡世をきらった者

ども で、この〔願人の〕仲間に入ったものと聞いている。

遊民のなかでもことさら無用の者たちなのだから、帰俗を申しつけ、農村出身の者は領主・地頭へ引き渡し、江戸で生まれた者は奉公住まいなどをさせて、身分を整理するように申しつけるのが当然であろう。

この書きつけが発端となって、天保改革における願人の規制がはじまるわけですが、それについてはあとで触れるとして、町奉行は、願人が生まれる社会的背景についてはともかく、その出自についてかなり正確につかんでいます。ここに記されているように、願人の大多数は都市下層民によって構成されていたわけです。

これを受けて、寺社奉行阿部伊勢守正弘も、「乞胸非人にまぎれざるよう、遺失なく鑑札所持いたし」と、そのとりしまりに言及しています。

「乞胸非人にまぎれざるよう」という部分が気になりますが、これについては追々お話しするとして、鑑札の所持を徹底させるという規制ぐらいではどうしようもなく、結局、当時願人がはやらせたといわれている「住吉踊り」を禁止することで、とりしまりを強化しようとします。さて、その効果はどうだったでしょうか。

流動的な願人

ここで、願人組織について図式的に整理しておきましょう。

都市下層民は、その多くが「非人」の組織にくみこまれ、非人となっていきますが、願人になったり「乞胸」になったりもします。さらに、都市下層民は、いったん組織に入っても、これがまた流動的で出たり入ったりします。

すでにくりかえし述べているように、「願人」も「乞胸」も「非人」も、出自をたどればすべて都市下層民にゆきつき、しかも、それで固定されるわけではなく、絶えずそれ自身が流動しているというわけです。

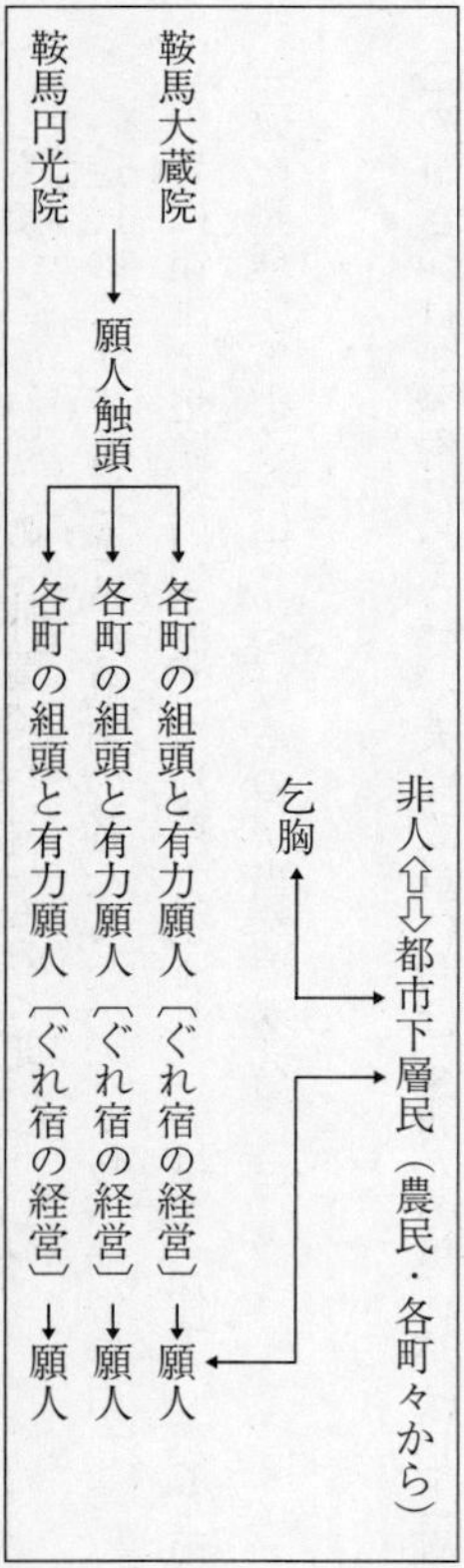

5　あいまいな願人の生業

願人の風俗

願人は、もともとが僧侶ですから、本来の生業もそれらしい内容だったようです。享保一四年（一七二九）四月の触書には、「願人ども、訳もなきナゾ判物など板行いたし、町方店々へくばり置き、跡にて代物をとる」とあります。ナゾナゾ・判じ物の御札を配って、あとで金品をとるというわけで、〝お札配り〟がもともとの生業でした。これなら、なんとなく僧侶の仕事という感じもします。舞踊「まかしょ」は、この〝お札配り〟を再現したものということになります。

舞踊「うかれ坊主」の場合、〝お札配り〟はしませんが、手桶を持って登場し、水を浴びて門口で金品を受けとります。これも、典型的な願人の風俗だったようです。

元文から延享年間（一七三六〜四八）ごろの江戸風俗を映した『江府風俗志』には、つぎのような願人が登場します。

一二月ともなると、山伏・願人が〝寒氷〟といって水を浴びて歩く。寒中で三〇日間をおこたりなく勤め、水も元気に浴びて、満願の日には軒並みに米袋をつかわす。

この風俗も、僧侶の修行である寒中の水浴びからはじまったのでしょうが、しだいにそれを見せ物にしていったようです。舞踊「うかれ坊主」では、「お清め申します」との謡が入りますので、〝御祓い〟を目的とした僧侶の姿を一応とどめています。随筆『飛鳥川』の著者柴村盛方は、「願人の水行も、八月より修行するはおかし」などと、皮肉をこめて書いています。

嘉永三年（一八五〇）の『明和誌』は、「寒中願人坊主丸はだかにて六七人連、番手桶へ一ぱい水を入、往来を火防のいゝ立をしてかけあるく」と記しています。これなど「うかれ坊主」のすがたそのままです。〝火防のいゝ立をして〟とは、「火の用心」のことでしょうか。

舞踊の「まかしょ」も「うかれ坊主」も、いわば典型的な願人を演じたものですが、これがどちらも、「変化物《へんげもの》」のひとつとして演じられているのは興味深いところです。

「変化舞踊」のひとつとして

高橋秀雄氏の「歌舞伎舞踊の音楽」（季刊『歌舞伎』別冊四号　一九七四年）によれば、「変化舞踊」は文化・文政期に全盛をむかえ、「見た目の変化と曲調の変化を楽しむものであった」ということです。そして、「見た目の変化を際立たせるために、当時のさまざまな市井風俗や珍しい地方の風俗が舞台に取り込まれた」わけです。

高橋氏の整理に従いながら、この時期、舞台にとりいれられたものを紹介してみましょう。

(1)　物売り――水売り・鰹《かつお》売り・植木売りなど

(2)　門付芸――鳥さし・願人坊主など

(3)　生活風俗――奴・船頭・丁稚・子守・手習子など

(4)　地方的特色――越後獅子・鹿島踊り・瞽女《ごぜ》・仙台座頭・茶摘娘・小原女《おはらめ》・海士《あま》など

そういえば、先日の歌舞伎鑑賞教室で尾上菊之助が演じていた「越後獅子」も、「変化舞踊」のひとつだったのです。

「越後獅子」は、三代目坂東三津五郎の「七枚続花の姿絵」に対抗して、これも文化八年(一八一一)三月、三代目中村歌右衛門が江戸中村座で演じた「遅桜手爾葉七字《おそざくらてにはのななもじ》」のなかにあるものです。これは、傾城《けいせい》・田舎座頭・業平《なりひら》・越後獅子・橋弁慶・相模蜑《さがみあま》・朱鍾馗と変化していく、そのひとつです。

当時、江戸には越後からの出稼ぎ者が多く、江戸で「越後」といえば、出稼ぎ者を意味したほどでした。そうした人びとの故郷への思いを、舞台で再現しようとしたものでしょう。「越後獅子」は、単なる曲芸的な見せ物ではありません。舞踊の冒頭で、江戸へ来るにいたった経過や故郷での生活などが身ぶり・手ぶりで語られます。越後からの出稼ぎ者がこの舞踊を見れば、おそらくなつかしさと同時に、自らの生い立ちとを重ね合わせ、感涙をしぼったにちがいありません。

結局、この「変化舞踊」の勝負は、歌右衛門の「遅桜手爾葉七字」が三津五郎の「七枚続花の姿絵」を圧倒し、観衆は中村座へ押し寄せたといわれますが、その理由もこのあたりにあるのかもしれません。

〝典型〟のない願人の生業

三津五郎の演じた「願人坊主」も、市井の風俗を映し出し、いわば典型的な願人を再現したものといえますが、当時の記録には、およそ僧侶ともいえない願人がずいぶん描かれています。それらの一部を、参考までに紹介しておきます。

享和二年（一八〇二）ごろ、おおきな鉄の鉢をたたいて「お釈迦《しゃか》、わい！」と大声で往来する願人がいました。あごヒゲを長く伸ばし、油をつけて左右にかきわけ、なかなかの〝美男子〟であったといいます（『賤のをだ巻』）。

これなど、まだ托鉢僧のふんいきが残されていますが、実際には芸事まがいの所作《しょさ》で金銭をもらう願人が多く、大道芸との区別はなかなかできなかったようです。

文化七年（一八一〇）のころ、橋本町から来る願人で、六〇歳ちかい盲人の坊主がいました。一一、二歳の男の子を引き連れ、かけ合いでしゃべるのですが、これが、当時ずいぶん人気だったようです。「小僧とめくらおじゃまになるな、御繁盛さまのやっかい者じゃ、おなまめだんぶつオットよかろ、おかげで助かる、命の親じゃ」。これを、拍子木をならしながら二人でかけあうのです（『式亭雑記』）。

銭をもらったら「オットよかろ」と〝間《ま》〟を入れ、続いて銭をくれた人に「おかげで助かる、命の親じゃ」と礼を言います。托鉢といえないこともないのですが、調子のよい〝かけ合い漫才〟といった方がいいでしょう。

つぎは安政元年（一八五五）ごろの話。子どもの願人が一文人形を並べ、「これはこれでも王子の稲荷大明神、色は白くも九郎助いなりの大明神」などと言いながら、いろんな名前をつけて人形を売っています（『わすれのこり』）。

九郎助稲荷は新吉原のすぐ側にある神社で、九郎助という者が神社の表に住んでいた由緒により、その名がついたと伝えられていますが、正式には「黒助稲荷」と書くようです。その名前をもじって〝色は白いが黒すけ〟と、ダジャレで笑わせるところが口上の妙ですが、もちろん一文人形を売るのが目的です。これなど、「香具師」となんら変わりません。

およそ「僧侶」とは思えない大道芸で道行く庶民に語りかけ、そこから銭をひねりださせるわけですから、意表をつく方が当然実入りがいいわけです。むしろ、こうした「僧侶」らしからぬ〝芸〟こそ、願人の生業の実際だったのでしょう。

「越後獅子」と「願人坊主」

ところで、三代目坂東三津五郎の「七枚続花の姿絵」は、大衆の人気という点で、歌右衛門の「遅桜手爾葉七字」におよびませんでした。なぜでしょうか。その理由を、もう少し考えてみましょう。

これにはいろんな理由があるのでしょうが、「越後獅子」と「願人坊主」との比較で考えるならば、つぎのようなことがいえるのではないでしょうか。

越後獅子は、きわめて典型的なイメージを持っています。越後獅子のふるさとは、一応、越後国蒲原郡月潟村とされています。これも具体的です。対象とする観客も、越後からの出稼ぎ者か、それに思いを馳せる人びとということで、ずいぶんはっきりしています。

これに対し願人は、その〝芸〟の中身もさまざまで、いいかえれば見えにくい、イメージしにくい存在です。さらにいうならば、その出身もいろいろで、じつは越後獅子よりも、こちらの方が〝典型的〟な都市窮民なのです。ただ、これがまたアイマイで、イメージしにくいのです。

「市井の風俗」という点では、むしろ願人の方が〝典型的〟で、越後獅子の方がマイナーということになるでしょう。ただ、イメージしやすいかどうかとなれば、立場は逆転します。観客は、市井の具体的な願人を知っています。おそらく、それと舞台の願人との間に一定の〝違和感〟を感じたのではないでしょうか。ここらが、歌右衛門に凱歌のあがった一番の理由のように思えます。

なお、おなじく願人を写生した舞踊「まかしょ」は、長らく絶えていたものを三代目市川猿之助が復活し、知られるようになったものです。具体的な願人が世間から消えてから、こうした演し物が人気を呼ぶようになったわけで、その理由も、なんとなくわかるような気がします。

6　願人の「ぐれ宿」と天保改革

願人の木賃宿

先ほど、願人こそ〝典型的〟な都市窮民だという話をしました。「僧侶にあるまじき」などと、寺社奉行の触書などでよく指摘されていますが、願人のなかに本当の僧侶はほとんどいないといってもいいでしょう。大部分は、全国から集まった窮民たちなのです。

願人のなかには、各地から集まってきた窮民たちを泊めるために、木賃宿を経営している者もいて、この木賃宿を「ぐれ宿」と呼んでいます。

文政期のはじめごろ（一八一八〜一九）には、このようなものはなく、当時、馬喰町の旅人宿に「木賃銀九分」と札に書いて張り出した宿があっただけだったといいます。銀九分といえば、文政期の相場で銭なら約九七文となり、窮民たちにはとうてい払えない金額です。宿の方も、一人二人の宿泊客では引き合わないということで、この馬喰町の木賃宿もいつしかなくなり、それに反比例して、願人の「ぐれ宿」が増えてきたといわれています。ですから願人の「ぐれ宿」は、一八三〇年前後の文政期後半から天保期にかけて、短期間に急増していったもののようです。

天保一四年（一八四三）当時、橋本町・芝新網町・下谷山崎町・四谷天龍寺門前・元鮫河橋北町、江戸市中の五カ所に計八三軒の「ぐれ宿」がありました。この軒数で見ても、「乞胸」の木賃宿が九軒ですから、その九倍にも達しているわけで、より本格的な木賃宿という感じがします。くわしい軒数はつぎの通りです。

町名	所属	軒数	代表者名
橋本町　治兵衛店	鞍馬大蔵院	二八軒	寮坊主・立円
吉左衛門店	鞍馬円光院	一八軒	触頭・谷之坊
芝新網町	鞍馬大蔵院	四軒	寮坊主・教道
	鞍馬円光院	二一軒	寮坊主・明海
下谷山崎町二丁目	鞍馬大蔵院	七軒	寮坊主・円鏡
四谷天龍寺門前	鞍馬大蔵院	二軒	寮坊主・念真
	鞍馬円光院	一軒	寮坊主・寛源
元鮫河橋北町	鞍馬円光院	二軒	寮坊主・願山

橋本町には四六軒の「ぐれ宿」があり、この町だけで全体の過半数（五五・四％）を占めています。これに次ぐのが芝新網町の二五軒で、この両町で七一軒（八五・五％）が集中しています。

また、橋本町・芝新網町・四谷天龍寺門前には、ひとつの町に大蔵院・円光院両系統の「ぐれ宿」があり、一応の所属によって宿泊する「ぐれ宿」がきまっていたらしいことがわかります。

「ぐれ宿」の経営者は「寮坊主」と呼ばれています。彼ら自身も願人なのですが、その生業では暮らしがなりたたず、全国から集まってくる窮民（金比羅もうで・伊勢まいり・物乞いなど）を宿泊させているうちに、それが商売になっていったといいます。

しかし、そもそも家を持っていなければ「ぐれ宿」になりませんし、橋本町では触頭の谷之坊が「ぐれ宿」の経営をしています。願人のなかでも上層部に属する人びとが、これら「ぐれ宿」の経営者であったことはまちがいありません。

「ぐれ宿」の費用は？

「ぐれ宿」は、たしかに窮民には利用しやすくできています。この点は「乞胸」の木賃宿とも共通しています。

宿泊の費用は男女とも一日二四文、ただし子どもは無料です。一人一畳分で、お膳・おわん・鉢などは人数に応じて貸し与え、これらについては損料をとりません。ふとんは、その善し悪しにもよりますが、一枚一〇文から一六文で貸し与えます。また、一部屋ごとにカマドが付いており、勝手道具一式を貸し与えますが、食料はそれぞれの稼ぎで買い求めます。いわば自炊ということになるでしょうか。

当時、そば一杯が一六文、あんかけうどんがおなじく一六文、天ぷらそばが三二文でした。「ぐれ宿」は、天ぷらそば一杯分で十分宿泊できたわけです。馬喰町の木賃宿が約九七文だったといいますから、宿泊代としてはずいぶんお安くなっています。

ただ、実際には長期に滞在している人びとが多く、三〜五年も宿泊している者がいたといわれています。となれば、宿泊というよりも下宿・間借りのイメージに近いわけで、宿泊代と比較するより、一般的な店賃と比べてみた方がいいでしょう。

ところが調べてみると、けっして安くはないということがわかります。

文化・文政ごろの店賃の相場は、九尺二間（約六畳）の長屋で月五〇〇〜六〇〇文が平均的な値段だったといいます。

「ぐれ宿」が一日二四文ならば、月三〇日で七二〇文となり、しかもこれで一人一畳分ですから、非常に割高となります。「ぐれ宿」の経営者は、かなりの暴利をむさぼっていることがわかります。しかし、保証人もおらず日銭しか稼げない貧窮者には、ほかに方法がないというのも事実です。

ドヤ街の実態

これで思い出すのがドヤ街です。

ちょうど一九七四年から七六年にかけて、釜ヶ崎のドヤ街を通って通勤していたことがありました。木賃宿の看板に宿泊料金が記されているのを、横目で見ながら通う毎日だったのですが、当時一泊二五〇円というところが多かったように記憶しています。

いやに安いなと思うのは第一印象だけ。実際は、たとえば六畳の間を仕切って二段ベッドを置き、そこに八人が泊まるようになっている。二五〇円をこの八人からとるわけですから、六畳一間が二〇〇〇円になります。それが三〇日間なら六万円になります。六畳一間が六万円です。

当時、六畳一間で月一万円ていどのアパートがありました。週刊朝日編『値段の明治大正昭和風俗史』（朝日新聞社刊）によれば、一九七五年当時、六畳・四畳半・三畳・台所・洗面所付きの住宅で、家賃が三万円だったそうです。わたしたちは一九七四年に結婚したのですが、最初に借りた文化住宅は、六畳二間で月二万二〇〇〇円でした。給料が八万ちょっとでしたから、まさに清水《きよみず》の舞台から飛び下りるつもりで借りたものでした。

ドヤ街の経営者は、相場の六倍で貸しているわけですから、暴利といわれても仕方がないでしょう。なんとなく「ぐれ宿」と似ています。

とはいえ、一泊二五〇円はやはり安いです。日雇い労働で稼いでいる労働者にとって、利用しやすくできているのも事実なのです。これも「ぐれ宿」と似ています。

「ぐれ宿」の宿泊客

話が横道にそれてしまいましたが、「ぐれ宿」が貧窮者に利用しやすいのは事実で、天保一四年（一八四三）当時、八三軒で八〇〇〜九〇〇人の宿泊客がいたといいます。

宿泊客は、巡礼や金比羅もうで・伊勢まいり・物もらいなどで、なかには長期にわたって逗留している者も少なくありませんでした。

金比羅もうでや伊勢まいりが、江戸の「ぐれ宿」で泊まるというのも変な感じがしますが、実態を知ればなんとなく納得がいきます。

金比羅もうで・伊勢まいりなどは、軍資金を持って出かけるわけではありません。この点、たくさんの小づかいを持って出かける、いまの旅行とはちがいます。街道筋の民家の門口に立って、米や銭をもらいながら旅を続けるのです。いわば、日々の生活が〝勧進〟なのです。しかし、金比羅もうで・伊勢まいりという大義名分があるから、割と実入りも良い。なんとかなりそうだというので、〝肝心〟の金比羅もうで・伊勢まいりには行かず、〝勧進〟を続けながら江戸へ出てくる。そんな人びとがけっこう多かったのです。

「ぐれ宿」への規制

天保一三年（一八四二）一一月、寺社奉行は「ぐれ宿」に対し、「〝正規の願人〟以外は泊めるな」という命令を出しました。

その本来の目的は、江戸へ流入してくる窮民を食い止めるという、人口対策の一環でもありますが、もうひとつは、お尋ね者や隠密が「ぐれ宿」の宿泊者にまぎれこんでいる可能性があり、それを未然に防ぎたいということもあったようです。

その五年前の天保八年（一八三七）二月、大坂で大塩平八郎の乱が起こりました。この乱に参加した河内国志紀郡弓削村の理三郎は、逃亡ののち剛善と名のり、旅僧にすがたを変えて江戸へ出てきました。

橋本町の願人冷月は、おそらく「ぐれ宿」の経営者だったのでしょう、お尋ね者とは知らず理三郎を宿泊させたばかりか、その後、病死してしまった理三郎を、自分の弟子ということにして、その菩提寺で手厚く葬ってやりました。

冷月は、知らなかったとはいえ、お尋ね者を宿泊させた罪で「押込《おしこめ》」に処せられています。

こんなことがあったものですから、「ぐれ宿」は、幕府にとって〝目の上のたんこぶ〟ともなっていました。

とはいえ、実際問題として「ぐれ宿」の宿泊客のなかには〝正規の願人〟などほとんどいないわけですから、〝正規の願人〟だけ泊めれば、「ぐれ宿」の経営などなりたちません。結局、「ぐれ宿」はおおきな打撃を受けたといわれています。

江戸以外の地域から入ってくる〝願人予備軍〟は、「ぐれ宿」の手入れによって食い止められることになり、寺社奉行のその後の報告によれば、この手入れによって〝正規の願人〟以外は「ぐれ宿」から姿を消したとされています。

しかし、〝正規でない願人〟と認定されれば、〝正規の願人〟になればいいわけで、それがダメなら「乞胸」になればいいし、「非人」になることもできないわけではありません。民衆は、もっとしたたかなのです。

市中人別と願人

それはそれとして、天保改革での願人のとりしまりは、もうひとつ、市中人別とも関連して進められています。

天保一三年（一八四二）一〇月二六日、人別改めに関する書きつけが、町奉行遠山左衛門尉・鳥居甲斐守から老中水野越前守忠邦に提出されました。急増する都市窮民を減らすため、翌年の三月にいわゆる「人返し令」が出されるわけですが、その前段として人別改めがおこなわれたのです。

これに対応して、寺社奉行阿部伊勢守正弘も、一一月二五日、願人のとりしまりについて水野忠邦に報告しています。

市中の人別のうち、鞍馬願人の不作法については、諸寺院にとりしまりを命ずる必要があります。願人は、最近、半田稲荷勧進・住吉踊りなど、僧侶にもあるまじき所業によって、銭をもらいうけているように聞いています。そこで頭《かしら》の者をただして、作法を書き出させ、市中へお触れを出す時、ついでに命令すれば、全体の風紀も整い、法がきびしくなれば、それを窮屈に思って、自然と願人の数も減るでしょう。

ずいぶんおっとりしたとりしまりで、阿部正弘は、これを願人触頭に伝えて済まそう、ぐらいに考えていたようです。ただ、これが願人の住吉踊りを禁止する〝伝家の宝刀〟になるのですが、天保改革は、それだけで終わらないのがいやらしいところです。

まず、町奉行の両名（遠山左衛門尉・鳥居甲斐守）は、一応、寺社奉行にとりしまりの趣旨が伝わったものですから、一二月八日、老中水野忠邦あての書きつけを提出しています。

願ン人とりしまり筋の儀は、別紙の通り寺社奉行え仰せ渡され候につき、私どもより申し上げ候触書案のうち、右箇条は掛け紙つかまつり、相除き候。

これは、願人についてはカットするというものですが、それだけでは当然おさまりません。翌天保一四年（一八四三）三月、市中人別に関する詳細な触書案が作成されますが、ここでは、願人に関するとりしまりがちゃんと復活しています。これは、町奉行鳥居甲斐守が作成し、阿部正弘との間でキャッチボールもおこなわれ、修正のうえ決定されたものです。

町方の者ども、出家いたし候か、または頭を剃り、道心者・願人などに相成り、ならびに吉田白川家陰陽師・神事舞太夫などより新規門下に相成り、身分相応の許状請け候者は、町役人どもより町奉行所え申し出るべく、吟味の上それぞれ申し付くべく候。

要するに、町方から願人になる者をチェックし、町役人に報告させ、町奉行所で管理しようというわけです。さらにこの触書案には、付札がつけられています。

書面に書かれた通りの者は、月番の役所へ訴え出なさい。また、町人が隠居し頭を剃っている場合は、別に問題はない。その日暮らしの者が、生活のために剃髪し、托鉢に出ている場合などは、僧体になっているわけだから、これは訴え出ないといけない。

町方で頭を剃るといえば、隠居して頭を剃る場合があります。その場合はかまわないが、生活のために頭を剃って托鉢に出るということになれば、これは僧体なのだから、町奉行へ届けなければならないというわけです。

本来ならば、こうしたやりとりは町奉行同士の間でおこなわれ、案が煮つまれば、それを老中へ報告し、触書が決定されるわけですが、願人の場合は、なにせ身分の位置づけが複雑ですから、決定までの手続きがこれまたややこしく、結局、天保一四年八月になって、ようやく触書が決定します。それもほぼ原案通りなのですから、なぜこんなに時間がかかったのか、要するに事務上の手続きがややこしかっただけなのです。

こうして、「ぐれ宿」の手入れによって外部からの流入を食い止め、さらに市中とりしまりの強化によって、市中人別から願人への流入を食い止める。この二重の規制によって、ともかく願人の増加を防ごうというわけです。

さらに天保一三年（一八四二）一一月二五日には、寺社奉行阿部正弘によって、願人の「住吉踊り」の禁止が宣言されていました。まさに阿部正弘がねらったのは、「法がきびしくなれば、それを窮屈に思って、自然と願人の数も減るでしょう」ということだったわけです。

しかし、天保改革のおもわくは、そう簡単には成功しませんでした。

「住吉踊り」と「かっぽれ」

「住吉踊り」とは、願人が文化年間（一八〇四～一八）に江戸ではやらせたといわれる踊りですが、「住吉さまの岸の姫松めでたしや」という歌があるように、もとは摂津国・住吉大社の神事から生まれたといわれています。

一人が、白木綿の衣に丸ぐけ帯、墨染めの腰衣を着けて中央に立ち、長い柄のハデな傘を持ちます。傘のまわりには茜木綿がたれさがっています。七、八人の踊り手が、これを囲んでウチワではやしたり、割竹で傘の柄をたたきながら歌い踊ります。「ヤートコセ、アレワノサ、コレワノサ」といったかけ声が入ります。

どうひいき目に見ても、僧侶の托鉢には見えません。むしろ野球のヤクルト応援団

住吉踊り（「人倫訓蒙図彙」）〔『日本古典全集』版〕

に近いような感じさえします。

文政一〇年（一八二七）一一月二三日、清寿院の地内で、願人たちによる住吉踊りの興行がおこなわれていますが、出演した願人の名前はつぎのとおりです。

曲枕亭義随・松枝庵真誠・涼風園信覚・蝶窓庵得心・弥生庵花山・堪忍庵一得

いかにも〝ニセ僧侶〟らしい名前です。

こんな調子で演じられる踊りですから、住吉踊りは立派な大道芸です。「僧侶にあるまじき」というわけで、天保一三年（一八四二）一一月二五日、寺社奉行によって禁止されたのも、為政者の立場からすれば無理からぬというところでしょう。

こうして、いったんは中絶していたのですが、弘化年間（一八四五～四八）、今度は「豊年踊り」と名づけられて復活します。民衆のエネルギーは、そう簡単には消えないものです。そして、さらに「深川かっぽれ」となって、江戸の風俗として定着していきます。

一八八六年（明治一九）一月、九代目市川団十郎が、新富座の「初霞《はつがすみ》空住吉《そらもすみよし》」（河

竹黙阿弥作・花柳寿輔振付）で、この「かっぽれ」をはじめて舞台で演じました。ただし、団十郎自らが進んで演じたわけではなく、歌舞伎の改良を進める九代目団十郎が、観客から「かっぽれ」でも踊れとののしられ、さっそく舞台で演じたものだといいます。

願人と乞胸

さて、弘化四年（一八四七）七月、四組の大道芸人たちがとりしらべを受けました。「住吉踊り」を踊ったという疑いです。

とりしらべを受けた芸人は四組一五人。一一人が乞胸頭仁太夫配下で、「乞胸」の鑑札を持っていました。六人は以前から「乞胸」だった者ですが、五人が元「願人坊主」でした。また残りの四人は、人数不足のためたまたま手伝った者だったといいます。

願人ならば、禁止された「住吉踊り」を踊ったというわけですから、天保改革の法令によって規制の対象となります。しかし、この場合、元「願人」ではあっても、現在は「願人」ではありません。しかも「住吉踊り」ならば規制できるわけですが、彼らが踊っているのは、あくまで「豊年踊り」なのです。

町奉行の結論は、七月一八日に出されました。「乞胸のやっていることであるから、強いてきびしく禁止することもあるまい。これ以上増長させないよう、乞胸頭仁太夫へ〝軽く〟達しおくよう」というものでした。

七月二二日、仁太夫は、町奉行所から呼び出しを受けます。

生業をさしとめるほどのことはないが、このうえ願人たちにまぎらわしい所作をさせないよう。

一五人の芸人たちが、その後ふたたび大道芸に出ることができるようになったのはもちろんです。

こうして「住吉踊り」は、「豊年踊り」の名で踊り継がれることになり、さらに「かっぽれ」として、歌舞伎の舞台でも演じられることになります。

幕末の願人

『幕末百話』（岩波文庫）のなかに、幕末の江戸で出現した「貧窮組」の話が載っています。これは、ひとことでは説明しきれませんので、語りをそのまま読んでいただきましょう。

　幕府の末年は情ないもので、江戸市内の取締も不行届となって、その局に当っていられた方々も雲行が穏かでないから、手に物がつかんという風でござんした。お咄しするも妙な訳で厶《ござ》います。別段お米が非常に騰《たか》いとか、饑飢だとかいう訳じゃアなかったんですが、『貧窮組』という孤の旗を押樹《た》てた連中が、男女幾百名というもの市中を押廻って、四つ筋や、角々で大釜を据え、町内の物持の家から、米や、お菜《かず》や、金を貰って、お粥を炊き、一同で喫《た》べ、鬨の声を作って、また他の町内へ繰込む。コレが果は一組でなく、幾組も出来て、下谷から芝、品川、浅草、本所諸方に現われたんですが、乞食という訳でもない。乱暴をする訳でもない。ただ諸方を喰べて歩き廻るという組。いずれも旗が『貧窮組』というのですが、実に凄じいものでした。

（中略）

一番初手は下谷山崎町だとの話で、「太郎稲荷の所へ、今貧窮組というのが多勢屯して諸方から米やお菜を貰って来て喰べている」との噂に、手前も見物に往った事がありましたが、そのお鉢が段々手前の方へまで廻って来る。

ここには、「ええじゃないか」に通じる、民衆のエネルギーをかいま見ることができます。その一番初手が下谷山崎町だったといいますから、願人たちが、都市下層民による「世直し」状況を代表していたこともうかがえます。

こうして幕府の支配は崩壊し、わが国は、明治維新を迎えることになります。

補章　猿飼の芸能

1　中世芸能民の系譜を引く猿飼

「猿飼」の特質

「猿飼《さるかい》」は、一般的には「猿まわし」とも呼ばれますが、史料のうえでは「猿引」「猿曳」と書かれることもあります。

猿を育てて調教し、演技をさせるわけですから、どの呼称も、まさに文字通りという感じがします。それだけでも、これまで述べてきた「乞胸《ごうむね》」や「願人《がんにん》」などの大道芸人とは異質であるということが理解できるでしょう。

「乞胸」も「願人」も、また「非人」の大道芸にも、〝猿まね〟の芸はありますが、実際に生きた猿は使いません。どんな大道芸でも、けっして簡単ではありません。しかし、元手は要らないわけで、それが都市下層民の生活を支える〝最後のとりで〟となった所以《ゆえん》です。

「猿飼」の場合は、簡単どころではありません。元手も要ります。猿に芸を仕込むまでに、子猿が生まれた直後からその芸のセンスを読みとり、まさしく手塩にかけて育てるわけですから、実際に芸をするようになるまでに、大変な準備期間が必要なのです。

しかも、猿の芸は〝ごまかし〟がききません。「乞胸」や「願人」の芸には、手八丁口八丁で演じるものも多く、場合によればわざと〝ごまかし〟、それをおもしろがらせることもできます（それも、実際はむつかしいのですが……）。まさに〝猿まね〟が可能なのですが、「猿飼」の場合は、猿そのものが演ずるわけですから、〝猿まね〟はきかないのです。

訓練のむつかしさ

何年か前、リバティ大阪《おおさか》（大阪人権博物館）で、現役猿まわしの村崎修二さんと会

猿まわし（「人倫訓蒙図彙）〔『日本古典全集』版〕

う機会がありました。

村崎さんの話では、猿の訓練には二通りの方法があるそうです。ひとつは、ひたすらスパルタ教育で仕込む方法。もうひとつは、猿の特性を見ながら猿と遊びつつ、芸を覚えさせる方法です。

スパルタ教育の場合、覚えも早く演技の数も多くなるが、猿自身がビクビクし、伸び伸びした演技はできないといいます。また人間と猿の関係も、支配・被支配の関係になるそうです。

後者の場合、芸の習得は遅く演技の数も少ないけれど、猿が伸び伸びと演技するといいます。また猿と人間も、友だちのような関係になれるそうです。村崎さんの場合は、このやり方だそうで、猿の安登夢は、なるほど活き活きしているように見えました。

村崎さんは、この時、生まれたばかりの小猿を一匹連れてきており、そのセンスの良さを話してくれましたが、たしかに反応も早く、人と遊ぶことが大好きというようすが、その行動からもうかがえました。

「猿まわし」の仕事は、まずこの猿のセンスを読みとり、教育するところからはじまるわけですが、学校教育の根幹にも通じる内容があるように感じました。子どもを仕込むのではなく、子どもとともに創る。村崎さんと安登夢のコンビは、まさしく二人で演技を創っています。

こうした訓練の方法から見ても、他の大道芸とはずいぶん質の異なることがわかります。「乞胸」や「願人」の大道芸が、芸能のうえでは歌舞伎や浄瑠璃といった〝確立された芸能〟の亜流、模倣であるのに対し、「猿飼」の芸は、それ自身が〝確立された〟独自の世界を持っています。江戸時代のはじめには、「猿飼」の芸そのものが、すでに伝統芸能としての位置にあったということもできます。

馬の守り神としての猿

ここで、その発生を少し探ってみましょう。

「猿まわし」の猿は、ニホンザルです。人との関わりも古く、縄文時代には猿をかたどった土偶などもつくられています。平安時代の末に描かれた『鳥獣人物戯画』でも、猿がほとんど主役のように活躍しています。「さるかに合戦」「桃太郎」など、むかし話にも多くの猿が登場します。猿は、それだけ身近な存在でした。

猿はまた、馬の守り神として持てはやされました。〝猿が馬の病気を治す〟という伝承は、古代のインドからはじまり、中国を経て日本に伝わったといわれています。実際、馬は猿と仲がよく、猿と遊ぶことによって馬もおとなしくなるといわれ、馬を飼育するうえで、猿は実におおきな役割を果たしてきました。古い絵巻物にも、厩《うまや》に猿のつながれている場面が、ずいぶんたくさん描かれています。

ところが、時代を経るにつれてその役割が変質し、生きた猿でなく、猿を描いた絵馬を厩にかざったり、木彫りの猿を置いたりして、馬の無病息災を願うようになっていきます。宗教的な側面が、しだいにクローズアップされることになるわけです。

ここで、ようやく「猿まわし」が登場してきます。

「猿まわし」は、猿を連れて厩の安全と馬の無病息災を祈願したのがはじまりと伝えられていますが、しだいに活動の幅がひろがり、厩だけでなく、正月などに各家々をまわって祝言を述べたりするようになっていきます。いわゆる門付け芸としての性格を持つようになってきます。

「猿まわし」の成立

「猿まわし」がいつごろ成立したのか、いまだに確固たる定説がありません。

しかし盛田嘉徳氏は、これについての諸説を検討したうえで、「猿曳き芸が、やがて、単独で辻芸となり、門附芸に移り変っていったのは、だいたいに平安末期からのことであり、鎌倉時代に入ってしだいに伸展をみたのであろう」とまとめています。わたしも、この考えに賛成です。武士の台頭、東国における馬の存在、馬と猿との関係などの状況証拠から見ても、平安時代末期から鎌倉時代にかけてということになるでしょう。

鎌倉時代の『信西古楽図《しんぜいこがくず》』には、中国風の衣装を着た芸人集団が猿に演技をさせている図が描かれています。そこには「猿楽通金輪」と記されており、「猿まわし」の芸が、猿楽の一部として伝わったことを示すものとされています。

室町時代に成立した『三十二番職人歌合』の二番は、左が「獅子舞」、右が「猿牽」となっています。天理大学附属図書館所蔵の『三十二番職人歌合絵巻』では、位置は逆で、右が「獅子舞」、左が「猿牽」となっていますが、獅子舞の踊りに驚いている猿が、リアルに描かれています。おそらく、正月の風景を実写したものでしょう。

三十二番職人歌合絵巻（天理大学附属図書館蔵）

他の大道芸とのちがい

このように「猿まわし」の歴史は古く、少なくとも鎌倉・室町時代にはさかのぼるわけですが、これまで述べてきたように、江戸時代の大道芸とははっきり一線を画する特徴がいくつかあります。

第一に、中世芸能民の系譜を引いているということ。他の大道芸は、芸のなかみだけ見ると、部分的に中世芸能と重なるものもありますが、芸人集団そのものは、江戸時代になってから成立したものです。

第二に、猿を使った芸能であるため、その養育から調教、演技の指導など、高度で伝統的な技術を要すること。ですから、都市下層民には、ちょっとやそっとではまねができません。生活の糧ということであれば、もっと楽にできる芸能がありますから。

第三に、その芸能の目的・性格もあって、武家政権とのつながりが密であること。猿の養育・調教には、かなりの時間が必要です。となれば、あるていどの経済的余裕がなければなりません。「猿飼」の場合は、厩の安全を祈願したり、馬の無病息災を祈ったり、武士とのつながりが深いため、その保護を受けることがありました。もちろん、大道での芸もおこなうわけですが、それはあくまで一側面に過ぎません。「猿飼」の組織が、他の大道芸人と比べて流動性に乏しかったのは、こうした特徴が背景にあったからでしょう。

2　江戸の猿飼

弾左衛門由緒書から

江戸時代、関東の猿飼は、長吏頭弾左衛門の直接支配下にありました。

弾左衛門による猿飼の支配がいつごろからはじまったのか、はっきりしたことはわかりません。弾左衛門由緒書によれば、天正一八年(一五九〇)八月、徳川家康が江戸へ入府した時、家康の馬が足の病気にかかったため、弾左衛門がその治療を命ぜられました。その際、馬の快復を祈禱するための「猿引」を所望されましたので、弾左衛門が支配する「猿引」を召し連れ、その祈禱によって病気が快復しました。そして、そのごほうびとして、金銭をちょうだいしたといいます。

この由緒書の内容が正しければ、天正一八年の時点で、弾左衛門の支配する猿飼が存在していたことになります。

弾左衛門は、天正一八年八月以降、それまでの日本橋尼店から浅草の鳥越へ引っ越したと伝えられていますが、このころ鳥越に猿飼が居住していたことは事実のようです。

猿屋町に関する二つの伝承

鳥越の一角に猿屋町という町があります。文政八年(一八二五)の『町方書上』は、猿屋町についてつぎのように記しています。

この町は、古くは武州豊嶋郡峡田領鳥越村と称し、寛永七年（一六三〇）に町家に命ぜられました。これがどうしたわけで猿屋町と呼ばれるようになったのか、はっきりしたことはわかりません。

もっとも土地の伝承によれば、越後国猿屋村からまかり越した者で、猿屋加賀美太夫という人物がおりまして、いわゆる舞太夫だったと思われますが、この者が古くから当地に住んでおりまして、その後、町家になりましても、一般には猿屋町と呼ばれ、自然と町名になったとか聞いております。

これが、地元の猿屋町に伝わる伝承だというわけです。

織田《おりた》紘二氏は、『駿国雑誌』という史料によって、もうひとつの猿屋町成立の伝承について紹介しています。

それによれば、徳川家康がまだ駿府にいた天正一一年（一五八三）、家康の馬三匹が病気にかかったため、当時、上総国にいた猿飼頭長太夫という人物を召し出しました。そして、その祈禱によって病気が快復したため、家康からほうびを賜ったと伝えられています。

長太夫が最初上総国にいたというのは、非常に興味深い話です。というのは、江戸時代の上総国は、関東で一番猿飼の多い地域だったからです。

それはさておき、『駿国雑誌』の記事はまだ続きます。天正一八年（一五九〇）八月、家康の江戸入府に際し、長太夫はお供として家康に従い、浅草の鳥越に居住地を与えられ、ここを猿屋町と称したというのです。

伝承からわかること

この二つの伝承には、どちらも一長一短があります。『町方書上』の伝承は、地元に伝わる伝承としてそれなりに意味はありますが、加賀美太夫という猿飼の存在そのものが、この話以外には明らかでありません。『駿国雑誌』の伝承は、家康という武士の代表と猿飼との関係を明確にしていますし、長太夫という実在する猿飼頭の名前も、彼が上総国の出身であるということなど、状況証拠としてはそろっています。しかし、家康と長太夫との関係が天正一八年以前にさかのぼるなら、その後、長太夫がどうして弾左衛門の支配下に組みこまれたのかが説明しにくくなります。

長太夫家には「猿屋御由緒系図」という由緒書が残されていますが、その内容は、弾左衛門由緒書とほぼおなじです。系図というものは、そもそも自らの由緒を誇るために作成されるものですから、もし家康との関係が駿河以来のものであれば、長太夫はそれを由緒書に書かないはずがありません。ところが、肝心な長太夫の由緒書にそれがないわけですから、この伝承にも弱点のあることがわかります。

ただ、これらの伝承から、いくつか類推できることがあります。

第一に、江戸時代のはじめの猿屋町には、「猿まわし」を生業とする芸人集団がすでに居住していたらしいこと。第二に、こうした芸人集団は、加賀美太夫が越後国猿屋村の生まれ、長太夫が上総国花貝村の生まれと伝えられるように、いろんな地域から江戸へ集まってきたと考えられること。第三に、猿飼の集団が、加賀美太夫・長太夫に象徴されるような〝頭〟の下に、それぞれの集団をかたちづくっていたと考えられること。第四に、こうした猿飼集団が、江戸時代のかなり早い時期にそのまま弾左衛門支配に組みこまれたと推定されることなどです。

寛政一二年段階の猿飼

寛政一二年（一八〇〇）八月に弾左衛門が町奉行所へ提出した「弾左衛門手下之もの家数小屋数書付」によれば、弾左衛門が支配する猿飼は、関東で六一軒しかありません。その内訳はつぎの通りです。

囲内	一五軒	（二四・六％）
上総国	一七軒	（二七・九％）
上野国	八軒	（一三・一％）
武蔵国	七軒	（一一・五％）
下野国	七軒	（一一・五％）
相模国	三軒	（四・九％）
下総国	二軒	（三・三％）
常陸国	一軒	（一・六％）
安房国	一軒	（一・六％）

「囲内」とは「弾左衛門囲内」のことで、ここに長太夫・門太夫という二人の猿飼頭がおり、それを含めて一五軒が居住しています。上総国には一七軒の猿飼がいて、長太夫を上総国の出身とする『駿国雑誌』の伝承を裏づけています。

それにしても、この段階で六一軒ですから、長吏の五六五四軒、抱非人の一九九五軒と比べても格段に少ないわけです。仮に一軒当たり四、五人家族としても、推定人口は二五〇〜三〇〇人ていどです。寛政五年（一七九三）段階での乞胸の推定人口が四〇〇人余、願人の場合、人口ははっきりしませんが、のちの「ぐれ宿」に八〇〇〜九〇〇人が宿泊していたといいますから、おそらく一〇〇〇人は下らないでしょう。

このように、その他の大道芸人と比べても、猿飼の人数の少なさがわかります。これは、先に触れたように「猿まわし」の芸の特質に由来するのでしょう。

猿飼頭の役割は？

この寛政一二年八月の「書付」では、弾左衛門囲内の猿飼一五軒の内訳も記されており、頭二軒・役人五軒・平の者八軒とあります。

〝頭〟の二軒は長太夫と門太夫の両名です。この二人は、かならず長太夫・門太夫の順で記載され、長太夫が上位の〝頭〟であることはまちがいありませんが、なぜ二人いるのかはよくわかりません。

彼らは猿飼頭ですが、関東全体の猿飼頭ではありません。あくまで江戸市中における猿飼頭に過ぎず、各地の猿飼は、それぞれその地域の長吏に支配されていました。仮に図示するとすれば、つぎのようになるでしょう。

弾左衛門──長吏──〔囲内〕猿飼頭──猿飼
　　　　　├─長吏──猿飼
　　　　　└─長吏──猿飼

では、なんのための頭なのかということになりますが、たとえば江戸の寺社境内などで素人が猿芝居などをする場合、猿飼頭の長太夫にかけあって弾左衛門へ届け、さらに長太夫に相応の金を支払って興行することになっています。

また、弾左衛門支配以外の猿飼が、江戸に出て猿芝居や猿の見せ物を興行したりする場合、身分がちがうとの理由で町方に宿泊できませんので長太夫の家へ泊まり、さらに長太夫の指図を受けて、相応の金を支払って興行を催します。
つまり猿飼頭は、江戸の興行についておおきな権利を持っているわけで、その意味での〝頭〟だということがわかります。ただ、こうした場合、もう一人の〝頭〟である門太夫の名がないのはなぜなのか、不明な点が残ります。

猿飼と権力者

猿飼が、乞胸や願人らの大道芸人とおおきくちがう点は、権力者との関係でしょう。天保五年（一八三四）四月、猿飼身分について、御目付より町奉行へ問い合わせがありました。これは、

初之丞殿が遠出をいたしますが、猿飼は御出先でご覧になっても差し支えのない身分なのかどうか承知したく、御答えくださるようお願いいたします。

というもので、これに対し町奉行榊原主計頭《かずえのかみ》忠之は、

ご書面の「猿まわし」の身分について調べましたところ、エタ頭弾左衛門の支配で、同人に人別なども差し出しますが、エタではありません。町年寄樽藤左衛門に命じ、別紙のような調書を差し出しますので、これについてごあいさつ申し上げます。

と答えています。その町年寄樽藤左衛門の調書は、

猿飼は弾左衛門支配であって、同人方へ人別も差し出しますが、身分はエタではなく、毎年、江戸城の御厩へも参りますし、水戸殿をはじめ御三卿へも参ります。御目通りで猿舞などもおこない、御酒などを賜ったりもするようでございます。

というもので、猿飼が、武士にとっても特別な存在であったことがわかります。

猿飼の存在感

猿飼は、その人口・軒数の少なさにもかかわらず、その芸術性のゆえか、歌舞伎の舞台でもずいぶんとりあげられています。

歌舞伎の演目だけ見ても、寛政一〇年（一七九八）ごろ創られたという「猿廻門途一諷」（さるまわしかどでのひとふし）、七代目団十郎が文政二年（一八一九）に演じたという「三升猿曲舞」（しかくばしらさるのくせまい）、四代目中村歌右衛門が天保九年（一八三八）に創作したという「花舞台霞の猿曳」、おなじ年、大坂堀江では「女猿曳閻諷」（おんなさるひきかどでのひとふし）で、二代目富十郎が女猿飼に扮しています。また、猿曳が猿を舞わせるという単純な設定の長唄「外記猿《げきざる》」もあり、これは文政七年（一八二四）の作と伝えられています。

歌舞伎の舞台での存在感は圧倒的なのですが、その逆に、江戸風俗の記録には意外なほど登場せず、市井の風俗や見せ物を網羅的に記録した『見世物雑志』でも、猿飼についてはほとんど記されていません。文政九年（一八二六）七月の「大須山門外において猿狂言興行」、天保六年（一八三五）四月一五日の「大須山門外において猿狂言興行、評判よく六月はじめまで興行」、天保七年（一八三六）六月ごろより「猿狂言興行」とあるていどです。

こうした点から見ても、猿飼はその他の大道芸人とはかなり異質で、民衆との接点は、それほど多くなかったといわざるをえません。

3 天保の改革と猿飼

素人から弟子を抱える可能性

天保一四年（一八四三）三月一三日、すでに引退していた一二代目弾左衛門の周司が、猿飼身分の規制に関連して「押込」に処せられました。これは、弾左衛門在職中の罪を問われたもので、その判決文には、つぎのように記されています。

この者（周司）がエタ頭をつとめていたおり、猿飼頭の門太夫から、素人より弟子を抱えたいと、先例を添えて申し出てきた。その時よく調べることなく、記録が焼失していたという事情はあったにせよ、言い伝えのみを採用し、親元の縁切り証文がなければいけないという、筋に合わない指図をしたこと、まったく不束であり、よって押込を申しつける。

この判決文はかなり複雑ですが、いろいろ示唆に富んでいます。まず、門太夫が先例を添えて素人から弟子を抱えたいと申し出てきたわけですから、猿飼以外から弟子をとることが、全く不可能ではなかったことがわかります。

たしかに六一軒しかない猿飼の集団では、その技術を維持していくことはむつかしかったでしょうから、センスのいい弟子を外部から入門させることも、時には必要だったにちがいありません。この事件は、そうした人的交流がそれ以前からあったことを、いみじくも証明しています。

これに対し、一二代弾左衛門の周司は、そのためには「縁切り証文」が必要だと判断し、それが罪に問われました。さらに言うならば、周司は、親元の縁切り証文さえあれば、素人から猿飼になることもできると判断したことになり、これが猿飼身分の規制をゆるがすものとして断罪されたわけです。

おそらくこれこそ、天保の改革における身分規制の強化を象徴しているにちがいありません。つまりこの判決によって、素人が猿飼になることを法的に否定したと考えるべきなのでしょう。

長太夫せがれ松次郎の断罪

そして、周司が断罪されたのとおなじ天保一四年三月一三日、猿飼頭長太夫のせがれ松次郎も、南町奉行所において「手鎖」を命じられています。その判決文の概略を紹介しておきましょう。

松次郎は、父の長太夫が猿飼頭をつとめており、弾左衛門方で吉凶があった際は、配下の者を連れて、羽織・袴で弾左衛門方の玄関より座敷へ入り、「猿舞」をしていた。しかし、先代弾左衛門の襲名披露の時、しきたりが変わって白州席より入るよう聞かされていたのに、それは外聞が良くないとして、以前の通りにやりたいと強硬に申し出た。

また、江戸城の御厩へ「猿舞」に参上する際の用意であるとして、「御用」と記した提灯をこしらえ、自宅に飾っている。

「猿舞」の御上覧の時には、「御成先御用」と書いた札を勝手に使った。

常州石神宿においては、御祭礼の時の伝承をとりちがえ帯刀した。宿泊についても、猿飼か長吏宅へ泊まるべきところ、「素人旅籠屋」へ泊まり、その際、「御祭礼御用」と書いた木札をもらい受けた。

さらに病身を理由に、猿飼をやめて町方に居住したいと、弾左衛門に申し出た。

以上のこと不届きにつき、刀・御用提灯・御用札・木札をとりあげ、「手鎖」を申しつけるところであるが、猿飼頭なのでエタ頭弾左衛門へ引き渡す。

松次郎の断罪は、本来は父親の長太夫が受けるべきところだったのですが、長太夫が病死してしまったため、つぎの猿飼頭である松次郎が、結果的に断罪されることになったのです。すなわち、松次郎個人への断罪ではなく、猿飼頭に対する〝見せしめ的〟断罪の可能性がきわめて高いわけです。

したがってこの判決も、逆に読みとれば、それまでの伝統的な猿飼頭の位置がわかります。すなわちそれまでの猿飼頭は、「御用」と書いた提灯を持って刀を指し、素人旅籠屋へも泊まっていたというわけです。

しかし、天保の改革によって、猿飼に対する身分規制が一段ときびしくなったことを、この判決は示しています。「御用」と書いた提灯や札は使うな、帯刀は許さない、素人の旅籠屋には泊まるな、というわけです。

おそらく猿飼の場合は、武士にもっとも近い存在であったがゆえに、規制の内容は過酷をきわめたのでしょう。

猿飼・吉五郎の話

天保の改革によって、猿飼の身分規制がきびしくなり、権力に近い存在であった猿飼の地位もあやうくなってきます。

ただ一般の猿飼にとっては、そうした政策的な影響よりも日常的な生活のきびしさの方が問題でした。つぎに紹介する吉五郎の事件は、猿飼自身がまさしく底辺の民衆であったことを再確認させてくれます。

文化四年（一八〇七）八月二日、猿飼頭長太夫の手下吉五郎は、重敲《じゅうたたき》のうえ江戸十里四方追放に処せられました。

吉五郎は、弾左衛門囲内に住んでいましたが、生活が苦しくなり、女房いくをともなって駆け落ちしました。吉五郎は、東海道中の荷物運びで稼ぎ、いくは物もらいをしていましたが、その後、ふたたび江戸へ出て、女房のいくは身分を隠して奉公に出、吉五郎は浅草慶印寺で窃盗を働き、とりしらべに際し身分を隠して「無宿」と申し立て、その場を逃れ、吉五郎は人足寄場へ送られました。しかし、それも難儀に思って人足寄場を逃げだし、長太夫手下の金兵衛・市右衛門宅へ行き、路用銭を貸してくれと、酒の勢いで声高にせがみ、そこで逮捕されました。

結局、重敲のうえ江戸十里四方追放を命ぜられますが、猿飼であるため弾左衛門へ引き渡され、武州多摩郡の鍛冶谷海道村の猿飼半四郎に引き渡されました。女房のいくも、江戸払いを命ぜられましたが、猿飼のため、結局おなじ猿飼半四郎に引き渡されています。

猿飼は、大道芸人としては〝別格〟の存在です。しかし、その生活がかならずしも豊かでなかったことは、この吉五郎の事件からもうかがえます。

彼らが、近代社会をどのように迎えるのか、そろそろ最後のまとめに入りたいと思います。

終章　江戸の大道芸と近代

1　維新と大道芸人たち

町奉行、最後の仰せ

慶応四年（一八六八）一月一二日、町奉行から神田橋本町・下谷山崎町・芝新網町・四谷天龍寺門前・浅草龍光寺門前の町年寄に対し、つぎのような仰せがありました。

その方ども町内の願人・乞胸が木賃宿を経営し、みだりに（多くの者を）宿泊させているが、このたび、江戸市中とりしまりの命が下ったので、以来、願人・乞胸以外の者を泊めないよう申しつける。不とりしまりがないよう、町役人どもでよく気をつけなさい。

慶応四年一月三日、鳥羽・伏見の戦いがはじまり、七日には朝廷より徳川慶喜追討の命令が出されました。そして一〇日には、幕府領を朝廷の直轄とする旨の達しがあり、江戸市中は混乱に包まれていました。

町奉行は、外部からの潜伏者にとくに注意を払うよう、各町年寄に指示を出したばかりでした。とくに願人・乞胸の木賃宿には、全国から入ってきた〝窮民〟たちが宿泊していますので、そうしたなかに朝廷側のスパイが潜伏しているかもしれないとして、願人や乞胸が居住している地域の町年寄に対して、特別な注意を促したわけです。

しかしこれが、願人・乞胸について町奉行が出した最後の通達となりました。それからちょうど一カ月後の二月一二日、徳川慶喜は東叡山寛永寺に蟄居《ちっきょ》、朝廷に謝罪文を提出し、さらに三月一三日には江戸城のあけ渡しが決定したからです。

名字の使用をめぐって

慶応四年（一八六八）五月二八日、一三代目弾左衛門の弾内記は、町奉行に代わって設置された市政裁判所の所属となり、江戸時代以来の支配関係が、この時点で確認されています。つまり、弾左衛門が非人・猿飼・乞胸を支配するという、それまでの支配体制が追認されたわけです。

そして、それから二、三年は、江戸時代そのままの関係が維持されていました。明治三年（一八七〇）九月一九日、平民に対し名字が許可されますが、長吏・非人・猿飼については、〝賤民〟であって「平民」ではないということで、その対象からはずされていました。

ただ乞胸の場合は、身分が町人、職業が〝賤民〟という微妙な位置にあるため、そのあつかいをめぐって、町年寄から東京府へ問い合わせがなされています。東京府では、これについて審議し、つぎのような意見が出されました。

一体、乞胸身分については、エタ非人とはちがいますが、もとより農商以外の者であって、唄・祭文・物まねなどをもって銭をもらい、いたって〝賤業〟の者です。古くから職業については非人頭の支配を受け、非人同様の渡世ですから、市中に居住させるわけにはいかないということで、すでに旧幕府当時、現在の場所へひとまとまりに引っ越しを命じたほどの者で、全くの平民とは差別がございます。名字を使わせることはいかがなものでしょうか。

この意見具申を受けて、一〇月九日には結論が出ます。「書面苗字用ひ候儀、相成らず候事」、これによって、乞胸の名字使用は不許可となりました。

では、願人はどうなったのでしょう。管轄の役人であった寺社奉行が解体していたということもあってか、願人の名字使用については、この時点で論議の対象にもなっていません。願人は全くの〃蚊帳の外〃に置かれていました。

「賤民制廃止令」とその影響

結局、名目上の〃解放〃は、やはり明治四年(一八七一)八月二八日の「賤民制廃止令」を待たなければなりませんでした。そこには、「エタ非人等の称、廃され候条」と記されており、この〃等〃こそ、猿飼・乞胸をも含むものだったからです。これによって長吏(エタ)・非人・猿飼の名称がなくなったわけですが、乞胸の名称も、少しおくれて廃止されています。

「賤民制廃止令」直後の九月には、乞胸頭仁太夫は山本助右衛門と改名していますし、東京府は、一〇月二〇日、乞胸頭の支配を解除する旨の通達を出しています。乞胸は、乞胸頭の支配によらず、銘々で適宜営業するよう、仁太夫に対しては「今後、乞胸頭の称を廃止する」という内容でした。

ところが願人については、この「賤民制廃止令」の対象からもはずされていました。意識的にはずされたというのではなく、完全に〝忘れられた存在〟だったのです。

明治四年一〇月一四日には、放浪の宗教者ともいえる〝六十六部〟が禁止され、一〇月二八日には〝虚無僧《こむそう》〟の特権も廃止され、平民の籍に編入されます。こうした〝放浪の宗教者〟がしだいに姿を消すなかで、〝願人〟の名称については、論議すらなされない状況が続いていました。

明治六年（一八七三）六月一四日、内務省から東京府へ申し入れがありました。それは「願人は、僧侶のかっこうはしているが、物もらい同様の稼ぎをなすものなので、市中を歩きまわらないよう、乞食とおなじように処置したいがどうか」という内容です。これに対し東京府は、七月一日に「おっしゃる通り、乞食同様に処置しても構いません」と回答しています。要するに〝乞食同様に扱う〟というわけですから、名称の廃止など念頭にもなかったことがわかります。

願人の名称が廃止されるのは、明治六年八月です。それも、政府や東京府の方針ではなく、各町々の世話係から提出された上申書がきっかけとなっています。

これまで橋本町・芝新網町・下谷豊住町などに居住している〝願人〟と称する者、あちこちに散在して〝道心者〟と称する者たちは、町々の篤志家からこづかい銭をもらったり、あるいは「住吉踊り」などの手踊りをなす乞食同様の稼業の者ですが、先般、乞食・物もらいなどの廃止を命ぜられましたので、それ以来、人力車夫や日雇い・棒手《ぼて》ふりなどの稼業に従事しております。そうなれば、ふつうの平民ですから、〝願人〟の肩書を廃止するのが適当と存じます。

これを受けた東京府は、ようやく気づいたというところでしょうか、八月二三日、「現在、願人の称があるのはいかにも不都合なので、戸籍の帳面を改正する」と達しました。

こうして〝願人〟の称は、明治六年（一八七三）八月二三日をもって、ようやく消滅します。「賤民制廃止令」から、ちょうど二年が経過していました。

2　明治初年における願人たちの生活

救育所の設立と「極々貧民」

ところで、明治初年における彼らの生活は、どのようなものだったのでしょうか。東京府は、明治二年（一八六九）八月、市民を対象とした貧富の状況を調査していますが、人口五〇万三七〇〇人のうち「極貧民」一〇万三四七〇人、「極々貧民」一八〇〇人という結果が出ています。「極々貧民」については「救育所入りを希望する者」という注が付されています。

東京府は、「貧民」を収容する施設として、同年五月三日に三田救育所、九月一四日に麹町救育所、九月二七日に高輪救育所を設立しています。

三田・麹町の両救育所には、市中に在住している老人や幼児・生活困窮者が収容されましたが、高輪救育所には「野非人・乞食のうち、老幼廃疾不便の者」を収容するとして、野非人・願人・乞胸たちが、その対象となっていました。

高輪救育所には、明治二年一〇月一七日の段階で七五九人（男七三四人・女二五人）の困窮者が収容されています。ちなみに、麹町救育所には同年一〇月二二日の段階で一一九一人（男六〇四人・女五八七人）、三田救育所には同年一〇月二五日の段階で一八一三人（男八八二人・女九三一人）が収容されていました。

さらに、それ以降の収容者数もわかりますので、これを含めて表にあらわしてみましょう。

	三田	麹町	高輪	合計
一八六九年九月	一八一三人	一一九一人	七五九人	三七六三人
一八七〇年一〇月	一九八八人	二四一八人	一一八〇人	五五八六人
一八七〇年一二月	一八六八人	二三七七人	六〇一人	四八四六人
一八七一年四月	一八二五人	二四三六人	五七七人	四八三八人

三田救育所が横ばい、麹町救育所が激増しているのに比べて、高輪救育所の収容者がもっとも少なく、しかも漸減しているのは、非人小屋や願人・乞胸の組織がまだ機能していたからでしょうか。

近代最初の「貧民」対策

この救育所では、主として職業訓練がおこなわれています。味噌や沢庵の漬物、たばこ・釘・縄・ゾウリなどの製造や、紙すき・車力などの技術の習得がおもなもので、ここで生計の途を獲得した人びとは、救育所を出て働くことになっていました。

明治三年（一八七〇）一〇月の段階で、三田救育所には一九八八人の収容者がいましたが、そのうち一六五五人が生活が成り立つとして出所を許可されています。この者たちについては、以後六〇日間、これまで通り扶持米が支給され、救育所へ通って職業をなすことで賃金が支払われました。いわば、失業手当と見習期間が設けられていたことになります。

この三つの救育所は、明治維新直後の福祉行政をものがたるものとして貴重な存在となるわけですが、財政難を主たる理由に、三田救育所・麴町救育所は明治四年（一八七一）九月二九日、高輪救育所は、おなじく一〇月七日に廃止されています。

「賤民制廃止令」後の生活のきびしさ

野非人・乞胸・願人たちの生活は、むしろ明治四年（一八七一）八月の「賤民制廃止令」によって、よりきびしいものとなりました。
「賤民制廃止令」直後の一一月、須賀川橋造という浅草田町の住人が、東京府へ上申書を提出しています。そこには、

エタ・非人が平民に編入されました。しかし、貯金や仕事があれば生きる道もありますが、貯えがなくて困窮している者が多いようです。平民に編入しても、ただちに彼らと交わり、親しくなる者も少ないわけで、結局こもをかぶって道路にうち伏している者があちこちに見られます。

とあり、「賤民制廃止令」の限界を指摘しています。さらに上申書は、乞胸についても触れています。

浅草の「乞胸組浪人宿」と称し、山本仁太夫の配下で〝乞食芸〟をなす者は、仁太夫がその上前をはねることが廃止となり、平民の店子《たなこ》に入りました。しかし、人寄せのための芸人であるならともかく、軒先あるいは往来にすわって、銭をも

らうようでは非人同様で、これらをなくさないといけません。

乞胸が「賤民制廃止令」直後、きびしい生活に直面していることを、はしなくも証言するかたちとなっています。

事実、窮民にとって都合のよかった乞胸組織が解体したわけですから、彼らは、いわば〝孤立無援〟の窮民にまいもどることになります。公の福祉施設がつくられていないのに、民間の福祉施設が解散に追い込まれたようなものです。

以後、明治政府の政策は、彼らの生活をなんら保障しませんでした。結局、彼らは都市スラムの一角を形成することになり、近代日本の福祉行政の〝貧困さ〟を象徴する存在となっていきました。

3　一八九一年のルポから

仁太夫の居住地は？

一八九一年（明治二四）、呉文聡《くれあやとし》という統計学者が、『スタチスチック雑誌』の一月二〇日号に「東京府下貧民の状況」と題するルポを掲載しています。

同区にて貧民の最も多きはM町一、二丁目なれど、此処《ここ》は以前山崎町と称《とな》えし時よりは追々開け行きて、その一丁目のごときは差し向き活路に迫るというほどのものは少なし。ただ二丁目に至りては彼の山崎町時代の旧態を脱せずして乞食類似のもの甚だ多く云々。

ここは、かつて乞胸頭仁太夫が住んでいたところです。とくに二丁目は、願人たちの木賃宿「ぐれ宿」が軒を並べていたところです。

一八九一年当時の居住者が、そのままかつての願人や乞胸につながるわけではありません。かつてのスラムを核として、日本における資本主義の〝発展〟の結果生み出された、多くの〝落伍者〟を吸収して拡大したわけで、人的なつながりよりも、地域的つながりの方が強いように思われます。

新たなスラムと生業の継承

つぎに紹介する地域は、近代以降に形成されたスラムです。しかし生業のうえでは、かつての願人や乞胸の生業が継承されています。

　この区にて最も貧民の多きはM町なるが、この辺の営業は大概カッポレ踊り、住吉踊り、野店講釈、野店見世物および紙屑拾い等なれど、世間の不景気なるが上春来雨天がちにて稼ぐこと能わず始終引き籠り居るの有様ゆえ、家賃は嵩《かさ》み、米屋の借金は払えずただ妻子もろとも飢えながら途方に暮れ居るのみ。

近代以降に進行する貧困

つぎに紹介するのは、かつて願人が居住していたところです。ここは、地域的にも生業のうえでも江戸時代とつながっていますが、生活の貧しさは、むしろ悪化しているように思われます。

　此処こそ区内一等の貧乏町とは見えたり。その裏長屋はおおむね九尺二間にて家賃は一銭五厘の日掛けなれど四、五ケ月も払い入れざるもの沢山あり。以前コレラ流行の時はこの辺を以てコレラ製造所と称えしほどなればその不潔と臭気は通行するさえ胸を悪くするほどなり。平生は住吉踊り、カッポレ、露店の見世もの、願人坊主、荷車挽き等を営業とし、女子供はエサ掘りまたは荷車の後押し等をなし、昼間家にあるものまれにて大概は戸を閉じおれり。

ここには、かつて願人の「ぐれ宿」が立ちならび、触頭も出していた地域なのですが、江戸時代のようすをうかがうこともできません。むしろ近代以降に貧しさが進行しているようです。

神田橋本町の変質

では、もっとも多くの願人たちが住んでいた橋本町は、どうなったでしょうか。

同区は近頃火災多くして類焼するごとに貸長屋等の造築を堅牢にするため随《したが》って家賃も高価となりしかば、貧民は勢い住居すること能わざるよりいずれも場末に転居し、ことに橋本町の如きは従来願人坊主の住居地なりしも類焼後は中等以上の者のみ住めり。

火災で類焼したあと、住宅を建て替え、そのたびに家賃が高くなったため、〝貧民〟は住めなくなったというわけです。このように全く変質してしまった地域もあります。実際、江戸から東京への〝近代化〟の流れのなかで、橋本町のような変質は、むしろ典型的なものといえるかもしれません。しかし、それによって、都市下層民が全く消え去ったわけではなく、むしろ〝近代化〟のなかで増加の傾向すら見せているわけです。

このルポには、「賤民制廃止令」からちょうど二〇年後、かつての大道芸人たちの居住地のようすや、新たに形成されたスラムの実態が描かれています。近代以降における わが国の福祉行政の〝貧困〟さを弾劾しつつ、これをもって本書を締めくくりたいと思います。

おわりに

一八七八年（明治一一）四月二八日、当時、内務省大書記官であった松田道之の屋敷で、演劇改良懇談会と称する会が開かれました。参加者には、政界から伊藤博文・中井弘・沖守固《おきもりかた》、歌舞伎界からは、守田勘弥・市川団十郎・尾上菊五郎・中村宗十郎・中村仲蔵《なかぞう》という、錚々《そうそう》たるメンバーです。

西山松之助先生の『市川団十郎』（吉川弘文館）によれば、この会は「いわば劇界が政治家の希望を吹きこまれた形であったが、勘弥や団十郎にとっては、まことに願ってもない好期」であったといいます。それまで〝河原者〟と蔑まれていた歌舞伎役者が、政界のトップと懇談会を催すなど、前代未聞のことだったわけです。

同年六月七、八日は、大改築なった新富座の開場式が開催されました。役者一同、燕尾服に身を包み、欧化主義で彩られた式典でありました。歌舞伎役者を代表して、九代目団十郎が式辞を読み上げます。

勧懲の微意を遊戯の間に写し、人情を感動せしむるに足る上は、悲歓の扮粧は又悪《いずく》んぞ世道に利害なしとせんや。

従来の勧善懲悪・人情の機微・悲喜こもごもの歌舞伎が、世の中を利することはない、これからの歌舞伎は、紳士・淑女の鑑賞に堪えうるものでなければならない。式辞というより〝芸術宣言〟といった高い調子の内容で、歌舞伎の文明開化を宣したものということもできます。

この九代目団十郎は、歌舞伎役者をそれまでの〝職人的〟な役者から、一段高い〝芸術家〟へと昇華させた人として知られています。

その一方で失ったものも多かったようです。江戸時代を通して民衆とともにあった歌舞伎が、民衆からかけ離れた存在となってしまったことは、この九代目団十郎の最大の汚点とされています。

そして、そのことをもっとも痛烈に感じていたのも、この九代目だったようで、一八八五年（明治一八）に〝酢豆腐〟のような芝居はやめて〝カッポレ〟でも踊れと、観客から罵倒《ばとう》され、さっそく翌年一月に舞台で〝カッポレ〟を踊ったのも、民衆とのミゾを痛感していたからでしょう。

そしてそのころ、〝カッポレ〟の主役であった願人たちは、スラムの一角で貧困のどん底にあったのです。

たしかに、歌舞伎が〝伝統芸〟としての地位を獲得するうえで、九代目団十郎の存在は、非常におおきいわけですし、それがなければ、今日の〝栄光〟もなかったかもしれません。

しかし、かつて初代中村富十郎が、非人松川鶴市の芸を舞台で披露し、その松川鶴市が、富十郎ら名優の身ぶり・声色を大道でまね、市民の拍手喝采を浴びた〝良き時代の良き関係〟は、やはり忘れたくないものです。

『江戸の弾左衛門』（三一新書）を出版してから、そろそろ一年半が過ぎます。その姉妹編として、江戸シリーズでもう一冊……。三一書房の林順治氏から、そのようなお勧めをいただいたのは昨年の秋でした。

いろいろ悩んだあげく、江戸の大道芸人について書いてみることにしました。大道芸人の生きざまを通して、江戸の民衆像を再現しようと考えたのです。

名もない民衆の生きざまをどのように再現するか、これは一九六〇年代における民衆史研究が、わたしたちに残したおおきな宿題です。『江戸の弾左衛門』も『江戸時代の差別観念』(三一書房)も、その宿題に対するわたしなりの答えでした。

前者は一〇年余りかかって翻刻した『旧幕府引継書』が典拠となっています。後者は、二〇年余りかかって発掘した随筆・文芸書を典拠に、津田左右吉・丸山眞男の方法論が下敷きとなっています。とくに津田左右吉の『文学に現はれたる我が国民思想の研究』には、おおきな影響を受けました。

ただ、今回はちょっと困りました。これまでのような方法論や史料の問題ではありません。どうにも筆が進まないのです。要するにスランプなのかもしれません。結局、歌舞伎との出会いがあったおかげで、なんとか原稿を埋めることはできたものの、果たして内容の方はどうなのでしょうか。いたって心もとない限りです。

そんなこんなで、当初六月末に完成する予定が、結局、三カ月も遅れてしまいました。その間、気長に励ましつづけて下さった林順治氏が、病魔に冒され、二カ月にわたる闘病生活を余儀なくされました。いまは完全に復帰された由、心より喜んでおりますが、本書の原稿のおくれもストレスの一因ではなかったかと、悔やんでいるところです。

内容はともかくとして、なんとか完成までこぎつけました。この機会を与えてくださった林順治氏に、心より感謝の気持ちを表したいと存じます。

歌舞伎との関係など、かえって宿題が増えた感もありますが、忌憚のないご意見・ご批判をいただければ、幸甚に思います。

一九九七年九月三〇日

中尾健次

解説　大道芸人から見える江戸の社会

村上紀夫

中尾健次氏の業績は膨大だが、大きく前後に分けるとすれば、ほぼ二〇世紀と二一世紀の間に画期があるように思われる。

前期の仕事の中心は、『弾左衛門関係史料集』全三巻（解放出版社、一九九五年）をひとつの頂点とする、弾左衛門研究である。この史料集は、江戸の長吏頭であった浅草弾左衛門に関する膨大な史料を集成した文字通りの労作であり、その後の研究に大きな恩恵を与えている。

弾左衛門については、中尾氏は史料集刊行に先立って、『江戸社会と弾左衛門』（解放出版社、一九九二年）、『弾左衛門　大江戸もう一つの社会』（解放出版社、一九九四年）などの著書を矢継ぎ早に発表している。

これらの一連の著作をもって、「弾左衛門支配の研究に魅せられて」十年以上続けた研究に一区切りをつけるつもりだったようだ。史料集刊行後に論集などの成果をふまえて平易に書かれた『江戸の弾左衛門』(三一新書、一九九六年)には「私自身、弾左衛門支配に関する研究は、この三部作をもって終わるつもりでした」と書いている。この『江戸の弾左衛門』刊行の後、姉妹編として執筆されたのが本書であった。

この頃の中尾氏が、近世の身分制社会をどのようにとらえていたかについて、よくわかるのが『江戸の弾左衛門』の「あとがき」である。氏は、封建社会を「属地主義」であると、とらえ、「属地主義」の封建社会にあって弾左衛門支配が幕府・藩の領地を越えて「属人主義」で支配をするのが「賤民制」であると見ている。そして、「非人」は、「封建社会からはじき出された人びと」であるという。

とすれば、江戸シリーズとして『江戸の弾左衛門』で弾左衛門が支配する「もう一つの社会」について論じた中尾氏は、姉妹編の本書で社会から「はじき出された人びと」に光をあてることで、江戸の全体像を描き出そうとしたということもできよう。

中尾氏の一連の仕事を振り返ったとき、この江戸の大道芸を扱った書物は前期の掉《ちょう》尾《び》を飾る作品と位置づけることができるかもしれない。

本書では、江戸という舞台で大道芸を行っていた「非人」「乞胸」「願人」、そして「猿飼」の姿を実に生き生きと描き出している。複雑な支配のあり方や組織についてわかりやすく解説されるだけでなく、興味深いエピソードがちりばめられて、読んでいて飽きることはない。このあたりは、聞き手を引き付ける講演の巧みさでも知られた著者の技が発揮されているのだろう。

「はじめに」で著者は、「社会の動きを反映して絶えず流入・流出をくりかえし」ている都市の下層に置かれていた人びとを「芸能を通して民衆文化を底辺から支えてい」たと位置づけている。

中尾氏がいう「都市下層民」と芸能については、序章に明確に記されている。生活手段を喪失して江戸に流入した「貧人」（「都市下層民」）が、「非人」「乞胸」「願人」などに頭のもとに編成され、生きる糧として芸能を行うという。『江戸の弾左衛門』では、「窮民」たちが「体一つと簡単な道具」でできる「貧しい窮民の生活を支える最後の砦」として大道芸を位置づけている（一一五頁）。

こうして、いくつかの芸人集団が生まれていく。江戸という都市の形成と連動するようにして、近世に編成されていく「非人」「乞胸」「願人」などを、「きわめて〝江戸時代的〟な存在です」と本書で述べている。そして「都市下層民」が、生活の手段として「非人」集団に加わるか、乞胸・願人の集団に加わるかで彼らの身分が決まっていく。身分について、「一見〝固定的なもの〟としてとらえられがちですが、実際には、このようにきわめて〝流動的な〟側面もありました」(『江戸の弾左衛門』一五二頁)という視点に立って本書は書かれているのである。

様ざまな集団に所属する芸能者による生きるための芸が、歌舞伎という大衆芸能に集約され、歌舞伎がまた大道芸に影響を与えていく。本書で著者が歌舞伎をもうひとつの主人公として叙述を進めているのはそのためである。

芸能を近世における「都市下層民」の生きる「最後の砦」という視点で貫かれた本書では、鑑札の制度や「ぐれ宿」など、経済的に困難な状態にある人びとが生活を維持するための工夫とともに、その内部に存在していた搾取の構造なども浮かび上がらせている。

その一方で、中世から存在が確認でき、武家との接点をもっていた「猿飼」については、その位置付けに苦労され「かなり異質」ととらえられている。本書では「補章」として本論に入れられていないところにも、そのあたりの苦心がうかがえる。

猿飼という芸能は、芸の難しさから参入が容易ではない。そのため、「流動性が乏し」く、人数も少ないと中尾氏はいう。「民衆との接点は、それほど多くなかったといわざるをえません」として、「別格」ととらえられているのである。しかし、『守貞謾稿』という江戸時代の随筆には「江戸は猿引はなはだ多く、毎日十数人来り乞ふことあり」とあるから、決して少なかったわけでもなさそうだ。この点は、やや不思議だったのだが、長谷川時雨『旧聞日本橋』（岩波文庫）を見ていて疑問が氷解した。

テンコツさんの住居は、中島座の通りで、露路にはいった突当りだった。露路口に総後架《そうこうか》の扉《と》のような粗末な木戸があった。入口に三間間口《まぐち》位な猿小屋があった。大猿小猿が幾段かにつながれていて、おかみさんが忙《せわ》しなく食《たべ》ものの世話をしていた。人参やお芋を見物のやる棒のついた板の上に運んでいた。私ははじめ猿芝居かと思っていたがそうではなく、といって、見物に小銭で食物をやらせるのばかりが商売でなく、猿を買出しにくる人もあったかも知れないが、貸猿がおもなのだから、猿廻しの問屋とでもいったらよいかもしれない。

どうやら、にわか猿飼のための猿のレンタルがあったようなのだ。あらかじめ仕込みが終わった猿を借りれば、芸の巧拙はともかく初心者でもそれなりには稼げただろう。つまり、猿飼もまた、中尾氏がいうような「都市下層民」の生活手段たりえたことになる。

本書の主人公となった「生きるギリギリのところで生計を立てていた」人びとについて、中尾氏は『江戸の弾左衛門』「あとがき」で「封建社会のなかで資本制生産を準備し」ていた「労働予備軍」ととらえていた。「封建社会からはじき出された人びとを、封建制のワク内で管理し」ているのが「非人」組織であるという。

このような「都市下層民」のとらえ方は、例えば吉田伸之氏が「所有」に着目して「近世的異端」と述べた議論にも通じる視点であるといえる。吉田氏らは後に近世の身分制研究で一世を風靡する身分的周縁論を牽引することになる。身分的周縁論でも集団間の関係に注目し、「重層と複合」などといった見方が提起されたが、「非人」や「願人」「乞胸」は、中尾氏がいうような「〝江戸時代的〟な存在」なのか、それとも「異端」なのか。この点は、近世身分制全体の再検討を含めて今後の課題なのかもしれない。

冒頭、中尾健次氏のお仕事を二つに分ければ二一世紀を後期とすることができると述べた。それまで相次いで単著を刊行してきた中尾氏は、本書の刊行後は単著を刊行することからしばらく離れている。本書の「あとがき」には「スランプ」という思いがけない言葉が書かれているが、もちろん、その後も論文や概説、共著などはとどまることはなかった。

ただ、中尾健次氏も中心メンバーの一人として史料の収集や編纂作業に関わっていた『大阪の部落史』の仕事が一九九五年から始まり、次第に本格化していった。この作業のなかで、中尾氏はそれまでの江戸弾左衛門研究に一区切りをつけ、大阪の部落史研究に没頭し始めた。

もともと、中尾氏の生活の場は関西にあり、大阪を中心とした被差別部落の史料調査や通史の執筆などは早い段階から行っていた。教員から大阪教育大学へ移られたこともあり、学校現場で人権学習などで教材として活かすことができる関西の部落と皮革や食肉に関する問題などをわかりやすく伝えることにも非常に熱心であった。

編纂委員の尽力によって、数多くの新史料によった全一〇巻からなる『大阪の部落史』の本文、史料編が二〇〇〇年から一〇年間にわたって刊行が続けられた。編纂過程で発見された史料をもとに『史料集浪速部落の歴史』『悲田院長吏文書』といった大部な、大阪の部落史研究の基礎となるべき史料集も編纂されていく。中尾氏は、常にその中心メンバーのなかにいた。

弾左衛門支配とは様相を異にする大阪の被差別部落に関する史料も数多く発掘された。『悲田院長吏文書』は本書でも取り上げられた「非人」と密接に関わる大阪の史料群であるし、大阪にも「願人」や「猿飼」がいたことはわかっている。

中尾氏は、こうした大阪の史料をもとにした集大成といえる研究成果を出すことを構想されていたのではないだろうか。ご本人から、そうした話をお聞きしたことがあるわけではないが、少なくとも私は漠然とそんな期待を抱いていた。もし、そうしたものが出されれば、江戸の弾左衛門研究をふまえた、中尾氏にしか書けない「大坂」の民衆像が提示されたことだろう。

残念ながら、中尾氏の急逝によって、それが実現する機会は失われてしまった。本書を再読して、その損失の大きさを思わずにはいられない。

（むらかみ・のりお　奈良大学准教授）

ちくま文庫

江戸《えど》の大道芸人《だいどうげいにん》　都市下層民《としかそうみん》の世界《せかい》

二〇一六年十一月十日　第一刷発行

編　者　中尾健次（なかお・けんじ）

発行者　山野浩一

発行所　株式会社　筑摩書房
東京都台東区蔵前二―五―三　〒一一一―八七五五
振替〇〇一六〇―八―四一二三

装幀者　安野光雅

印刷所　三松堂印刷株式会社

製本所　三松堂印刷株式会社

乱丁・落丁本の場合は、左記宛にご送付下さい。
送料小社負担でお取り替えいたします。
ご注文・お問い合わせも左記へお願いします。
筑摩書房サービスセンター
埼玉県さいたま市北区櫛引町二―六〇四　〒三三一―八五〇七
電話番号　〇四八―六五一―〇〇五三

ISBN978-4-480-43396-1　C0139